W0107850

Dietrich Steinwede
Stern der Weihnacht

Dietrich Steinwede

STERN
DER WEIHNACHT

Bilder, Geschichten, Meditationen

PATMOS

Die Deutsche Bibliothek verzeichnet diese Publikation
in der Deutschen Nationalbibliografie;
detaillierte bibliografische Daten sind im Internet
über http://dnb.ddb.de abrufbar.

© 2003 Patmos Verlag GmbH & Co. KG, Düsseldorf
Alle Rechte vorbehalten
Umschlag: Heike Ossenkop Pinxit, Basel, Unter Verwendung
des Monivs »Geburt Christi«, Gemälde, Detail, Englandfahrer-Altar
des Meisters Francke 1424–1436, Kunsthalle Hamburg
Druck und Bindung: Druckerei Theiss GmbH, A-9431 St. Stefan
ISBN 3-545-45027-6
www.patmos.de

Inhalt

Unzählige Sterne kennt die Weihnachtszeit, von den Gold- und Strohsternen allüberall am Tannengrün und in der Werbung über die Zimtsterne für den Gaumen bis hin zu den Zimbelsternen mit ihrem silbrig klirrenden Klang an den Orgeln.

Der Stern, der die Weisen führte und über Betlehem stehen blieb, ist aber etwas ganz anderes: »Er ist der Gruß des Kosmos an seinen auf der Erde erschienenen Herrn« (Reinhold Schneider). »Wenn du die wahre Gottheit des Kindes nicht kennst, achte auf den Stern, der am Himmel leuchtet«, sagt ein frühchristlicher Weihnachtstext. Dieser Stern ist nicht die Venus, die wir des Morgens am Himmel beobachten können. Zwar vermögen wir das moderne Weltbild nicht abzuweisen, diese unermessliche Wirklichkeit der Milliarden und Abermilliarden von Sternen in einem Schweigen unendlicher Räume. Aber es gibt diesen anderen Stern, den Stern des Glaubens, der mit stiller Macht den Glanz der 1000 Sterne übersiegt. Einmal im Jahr taucht er aus der Tiefe der Weltnacht auf, wie Rudolf Hagelstange weiß, entlassen aus dem Gesetz beharrender Schwerkraft, entlassen in das neue Gesetz bewegender Liebe. Es ist ein Kindstern, der Stern überm Kinde. Sehen kann ihn nur »ein Herz, das Augen hat und wacht« (Angelus Silesius).

Uraltes Symbol der Juden ist dieser Stern. »Ein Stern geht auf im Volk der Jakobssöhne«, heißt es Numeri 24,17. Und seit 2000 Jahren, seit Matthäus, ist dieser Stern auch Symbol der Christen. »Wo ist der neugeborene König der Juden? Wir sahen seinen Stern aufgehen im Osten«, lesen wir bei Matthäus 2,2.

Jahr für Jahr leuchtet er auf, dieser Stern der Sehnsucht, der Hoffnung, dieser geheimnisvolle Stern des Heils. Immer wieder beten Christen: »O Stern geh auf, ohn deinen Schein in Finsternis wir alle sein.«

Dieser Stern hat die christliche Weihnacht mitbegründet: »Die Nacht, der Stern, das Kind im Stall, ein heilger Ort im Weltenall«, sagt Wilhelm Willms. Das gilt auch, wenn dieser Stern, wie etwa von Jochen Klepper in den Schrecken des 2. Weltkrieges als »tiefverhüllt« erlebt wird. Denn Jochen Klepper weiß auch: »Du bist als Stern uns aufgegangen, von Anfang an als Glanz genaht. Und wir, von Dunkelheit umfangen, erblickten plötzlich einen Pfad.«

Viele Stern-Aspekte werden in diesem Buch dem christlichen Weihnachts-Stern zugeordnet. Das Stern-Erleben des Menschen, seine Beziehung zu dem gestirnten Himmel über ihm, lässt sich aus der Diskussion mit dem Stern von Betlehem nicht heraushalten. Es ist ein Hin und Her, ein Gespräch zwischen der Astronomie und der Astrologie, der Gottesastrologie, so wie sie im Matthäustext von den Sterndeutern aus dem »Morgenland« deutlich wird.

Einen Weg sollen wir Menschen finden unter diesem Stern, hell sollen wir werden. Dieser Stern macht uns selbst zum Licht. Und so können wir es überall weitersagen: »Ja, wir sind im Dunkel. Aber seht doch, den Stern!« Jesus selbst ist der Stern, das Kind, der König – der helle Morgenstern. Und wer ihn erkennt, diesen so gänzlich außergewöhnlichen Stern der Weihnacht, der stärker wirkt als jede astronomische Wirklichkeit, der wird selbst aufstrahlen wie ein heller Stern.

Beim Glanz der Sterne

Ehrfurcht erfasst den Menschen, wenn er dem sternenübersäten nächtlichen Himmel gegenübersteht. Da werden Gedanken wach über die Unendlichkeit des Weltalls, seine Tiefe, räumlich und zeitlich, und wie klein er doch ist, der Mensch, wie winzig vor dem allen, kaum mehr als ein Nichts.

So geht es den Menschen seit Jahrtausenden: Immer wieder wirft dieses Phänomen der lichtpunktübersäten blauen Tiefe sie auf sich selbst zurück, und ihr Denken und Fühlen wird in eine seltsame, oft beunruhigende Bewegung gebracht.

Seit Jahrtausenden versuchen die Menschen das Geschehen am Himmel zu erkunden. Sie entdecken Sternbilder und freuen sich daran. Sie versuchen, aus dem Lauf der Gestirne Nutzen für den Alltag zu gewinnen. Andere sehen sich auf den Schöpfer gewiesen, ohne den sie sich das alles nicht denken können. Die sichtbaren Abläufe am Himmel – der tägliche Weg der Sonne, ihr unterschiedlich hoher Stand in den Zeiten des Jahres, zu- und abnehmender Mond, Wechsel von Tag und Nacht –, all das erscheint ihnen als Zeichen einer großen Weltordnung, die jemanden hinter sich haben muss, der alles in diesen Gleichklang brachte. Sie sehen sich eingebunden in diese Weltordnung, auch in dem, was sie im Innersten bewegt. Der berühmte Königsberger Philosoph des 18. Jahrhunderts, Immanuel Kant, hat beides für sich zusammengeschaut: »Zwei Dinge erfüllen das Gemüt mit immer neuer zunehmender Bewunderung und Ehrfurcht, je öfter und anhaltender das Nachdenken sich damit beschäftigt: Der bestirnte Himmel über mir und das moralische Gesetz in mir.«

Matthias Claudius lässt dies auf ganz einfache Weise seine Sternseherin Lise sagen: »Ich sehe oft um Mitternacht, wenn ich mein Werk getan und niemand mehr im Hause wacht, die Stern' am Himmel an. Sie funkeln alle, weit und breit. Sie funkeln rein und schön. Ich seh die große Herrlichkeit und kann nicht satt mich sehn. Dann saget unterm Himmelszelt mein Herz mir in der Brust: Es gibt was Bessres in der Welt als all ihr Schmerz und Lust. Ich werf mich auf mein Lager hin und liege lange wach und suche es in meinem Sinn und sehne mich danach.«

Menschen vor dem nächtlichen Sternenhimmel mit einem Teil des Sternbildes Orion (drei Gürtelsterne). Aufgenommen mit einer normalen Kamera.

Die himmlischen Sterne sind alle Nacht schön.

Es gibt keine Adjektive, die die Weite des Raumes beschreiben könnten. Alles Astronomische ist größer – dichter, heißer, weiter oder erstaunlicher –, als man es sich vorstellen kann. Wenn die Sonne ein großer Apfel wäre, entspräche die Erde einem Sandkorn in zehn Metern Entfernung. Das Sonnensystem mit seinen Planeten hinwiederum ist so klein, dass es auf der Karte des Universums von der Größe eines Häuserblocks überhaupt nicht zu sehen wäre. Selbst auf einer Karte unserer Galaxie, der Milchstraße, wären die Planeten nicht zu sehen. Wenn ein Salzkorn die Größe eines durchschnittlichen Sterns darstellte, müssten die einzelnen Körner Hunderte von Metern voneinander entfernt sein. Ein Modell der Milchstraße in den richtigen Verhältnissen und Mengen erforderte, dass man zehntausend Packungen Salz auf eine Kreisscheibe streute, die größer wäre als der Querschnitt durch die Erde. Und in welchem Verhältnis steht unsere Galaxie zum Universum? Wenn sie so groß wäre wie ein Fingernagel, hätte das Universum einen Durchmesser von sechs Kilometern.« (Nancy Hathaway)

Der Andromeda-Nebel, die Andromeda-Galaxie, ist das fernste Himmelsobjekt, das unter günstigen Bedingungen noch mit bloßem Auge zu erkennen ist. Die Bezeichnung »Nebel« besagt nicht, dass es sich um eine interstellare Gaswolke handele, vielmehr ist auch diese Galaxie ein selbstständiges riesiges Milchstraßensystem mit einem Durchmesser von 160 000 Lichtjahren, bestehend aus Milliarden von Sternen. Ein Lichtjahr berechnet sich aus der Geschwindigkeit des Lichtes, das in einer Sekunde 300 000 km zurücklegt.

Die Tiefe des Universums – wer will sie fassen? Im 17. Jahrhundert bezog der Philosoph Blaise Pascal alles auf Gott: »Du, Gott, durchdringst gewaltig groß über begrenzte Räume hinweg allenthalben die gesamte Welt. Du dringst darüber hinaus nach allen Seiten ins Unermessliche, ohne Begrenzung, so dass dich in sich schließe die Erde, der Himmel und alles Seiende. Und dass dies alles seine Begrenzung finde in dir, während du nirgends eine Grenze hast.«

Und Augustinus, Bischof von Hippo in Nordafrika im 4. Jahrhundert, wusste: »Das Größte alles Sichtbaren ist die Welt. Das Größte alles Unsichtbaren ist Gott.«

Die Sterne des Weltalls »kennen nicht ihren eigenen Namen, fragen nicht, woher ihr Licht, warum und wozu« (Rose Ausländer). Jener Stern aber, der Stern zweitausendjähriger Legende, der einzige staunende Stern diesseits und jenseits all der anderen Sterne, das ist Israels Stern, der Stern der Christen, der Stern der Weihnacht. »Und aus Tyrannengewalt sollte sein Licht die Menschheit erlösen« (Dietrich Knorr).

»Seht, ich bin ein neuer steigender Stern. Mein ganzes Wesen brennt und strahlt so stark und ist so ungeheuer voller Licht, dass mir das tiefe Firmament nicht mehr genügt. Lasst meinen Glanz hinein in euer Dasein« (Rainer Maria Rilke).

Die schaffende Hand Gottes mit Sternen, Symbol
für die Herkunft des Weihnachtssternes aus der Gottessphäre.
Mosaik. Ausschnitt. Dom San Marco, Venedig.

Ich komme aus der andern Welt und Zeit.
Ich folge Gottes deutender Gebärde.
Manfred Hausmann

Das Sternen-Bewusstsein wirft uns auf uns selbst zurück und nötigt uns zu neuen Gedanken im Hinblick auf unser Miteinander.

Ich sah die Erde vom Weltraum aus. Sie war unbeschreiblich schön.
Die nationalen Ländergrenzen waren verschwunden.

Mohammed Ahmed Faris, Syrien

Du siehst aus dem Fenster und blickst durch 400 000 Kilometer schwarzen Weltraum zurück auf den schönsten Stern am Firmament.

Eugene Cernan, USA

Der Weltraum besitzt eine Klarheit und eine Leuchtkraft, wie es das auf der Erde überhaupt nicht gibt ... Nirgendwo sonst kannst du die Majestät unserer Erde vollkommener erfassen und so von Ehrfurcht erfüllt werden von dem Gedanken, dass sie nur einer von unzähligen, vielen tausend Planeten ist.

Gus Grissom, USA

Bereits vor unserem Flug wusste ich, dass unser Planet klein und verwundbar ist. Doch als ich ihn in seiner unsagbaren Schönheit und Zartheit aus dem Weltraum sah, wurde mir klar, dass der Menschheit wichtigste Aufgabe ist, ihn für zukünftige Generationen zu hüten und zu bewahren.

Siegmund Jähn, DDR

Die Erde sehen, wie sie wirklich ist, klein und schön in der ewigen Stille, in der sie schwebt, Stern unter Sternen, dies heißt, uns alle als auf der Erde gemeinsam Reisende zu sehen, auf dieser leuchtenden Schönheit in der ewigen Nacht, als Schwestern und Brüder, die nun wissen, dass sie wirklich Schwestern und Brüder sind.

Archibald Douglas, Irland

Und da dieser Stern kreist, das Letzte, weiß ich, wird nicht geschehn.
Die Hand, die die Sterne versetzte, wacht über der Erde Drehn.
Die Hand, die den Stern geschaffen, ist's, die uns hält,
deine und meine Liebe, des Menschen unsterbliche Welt.

Franz Fühmann

Unsere Erde, ein Stern unter der Unzahl der Sterne im schwarzen Weltraum.
Fotografiert von Apollo 17 auf dem Flug zum Mond im Dezember 1972. Foto: NASA.

Kein Teleskop entdeckt die Grenzen des Raums,
und ein jedes, das wir noch erfinden mögen,
wird Sonnen und Nebel aufspüren,
Myriaden von Sternen,
von denen wir nichts wussten und die nicht die letzten sind.
Reinhold Schneider

Ernst Barlach, »Die Sterndeuter« II. Lithographie um 1916/17.
Hamburg, Ernst Barlach Haus, Stiftung Hermann F. Reemtsma.

Sie blieben stehen und sahen zu den Sternen auf.
Glänzte nicht einer besonders?
Marie-Luise Kaschnitz

Weil sich in ihrem Blick ein neuer Stern gespiegelt

Sterne gibt es mancherlei Art:
Angefangen bei den zeitlosen,
glühenden Körpern im Weltraum
bis zu den blitzenden auf
Uniformen, befrackten Bäuchen,
denen auf Fahnen, Schulterstücken
und Koppelschlössern, den
Sternen der Drohung an neuen
Geßler-Hüten – dort,
wo man die Freiheit sichelt
und Ketten hämmert:
trennende Sterne.

Einmal im Jahr aber
taucht aus der Tiefe der Weltnacht
ein anderer Stern: milder als Wasser,
das den Stein überwindet, und stärker
als der Große Bär, den schon ein paar
Wolken ins Dunkel verjagen:
Kind der großen uralten
Vater- und Muttergestirne,
aus dem Gesetz beharrender
Schwerkraft entlassen in
das neue Gesetz
bewegender Liebe.
Kindstern und Kinderstern.
Stern überm Kinde.

Wenn er aufgeht, verblassen,
erblinden die Flittersterne,
und die Kokarden
werden zum Lügenmal
auf der Stirn der Gewalt.
Die Schwäche lächelt.
Ihr unangreifbares Licht
bündelt die Bajonette
diesseits und jenseits,
ruft die Leute aus ihren
Stuben und Häusern,
dem Schatten des Hasses,
dem toten Winkel der Vorurteile –
sie stehen und sehen
den Stern.

Der aber wirft sein Licht,
und unaufhaltsam, wie Luft geht,
geht es durch Drahtverhaue,
Sperrgürtel, Minenfelder,
über Gräben und Grenzen,
atmet und ruht auf einem
Land. Und in einer
Sprache sagt der eine zum andern:
Sieh doch den Stern ...

Rudolf Hagelstange

Es sind große Sterne unterwegs nach dieser Erde.
Gertrud von Le Fort

Die Planeten des Sonnensystems in ihrer elliptischen Bahn. Computergrafik.

Das moderne heliozentrische Weltbild: Kopernikus (1473–1543) ordnete die Erde in die Reihe der Planeten ein. Die Sonne steht im Mittelpunkt, umkreist von Merkur und Venus. Dann folgt der Planet Erde, danach die Ellipsen von Mars, Jupiter und Saturn, diese gefolgt von den erst in der Neuzeit (nach der Erfindung des Fernrohrs) im 18. bis 20. Jahrhundert entdeckten Planeten Uranus, Neptun und Pluto (die neunte Bahn fehlt). Alle Planeten erhalten ihr Licht von der Sonne bzw. von anderen Sternen.

Das irdische Paradies. Miniatur von Simon Marion. Um 1460. Bibliothèque Royale, Brüssel.

Mittelalterliches Weltbild (geozentrisches System) mit den sieben schon seit dem Altertum bekannten, weil mit bloßem Auge sichtbaren »Planeten«. Die Erde galt als Scheibe im Zentrum (hier paradiesisch). Darüber der Mond als erster Planet (die schwarze Sichel rechts). Darüber in vorgezeichneten Bahnen die Planeten Venus, Merkur und Sonne (diese in der 3. Bahn). Dann die Planeten Mars, Jupiter und Saturn. Fünf Planeten (außer Mond – luna – und Sonne – sol) tragen die Namen römischer Gottheiten. Jenseits der Planetenbahnen steht der flimmernde Fixsternhimmel. Darüber das Firmament als festes Gewölbe. Als Krönung der von einem dreifachen Engel-Kranz umgebene Thronsitz Gottes.

Magier (Dr. Faust). Radierung von Rembrandt Harmensz van Rijn 1652.
Stiftung Preußischer Kulturbesitz, Berlin.

Die Bibel übte an allen astrologischen Praktiken schon früh Kritik. So lesen wir Jesaja 47,13–14: »Hast du dich nicht stets bemüht, von den Sternen Rat zu holen? Ruf doch deine Himmelsdeuter, die dir Horoskope stellen! Ob sie dich wohl retten können? – Wie den Stoppeln geht es ihnen, die im Nu das Feuer frisst.«

Die Astrologie (griechisch Sterndeutung) ist so alt wie die Anfänge der menschlichen Kultur. Sobald der Mensch sich seiner selbst und seiner Welt bewusst wurde, suchte er alles Irdische geistig-symbolisch zu den Bewegungen der Gestirne in Beziehung zu setzen, eine Sinndeutung des rhythmischen Geschehens am Himmel zu gewinnen.

Die astronomisch-astrologischen Ursprünge der Menschheit liegen in Mesopotamien – bis zu 6000 Jahre zurück. Die Tierkreis-Astrologie wurde in Ägypten seit etwa 2100 v.Chr. entwickelt. Zentrum der Astrologie des Altertums war Babylonien. Weit verbreitet war der Glaube, mit der Geburt eines Kindes erscheine sein Stern am Himmel – ein Gedanke, der noch in der gegenwärtigen Astrologie Gültigkeit hat. Es heißt, im Augenblick der Geburt eines Menschen werde das Weltrad angehalten, damit in seiner Geburtsstunde sein Schicksal im Horoskop gedeutet werden könne. Die astrologische Lehre besagt, dass jeder Mensch als Rädchen im Weltgetriebe sein eigenes vorbestimmtes Schicksal habe. Grundlage aller astrologischen Deutung bilden die den Planeten zugeschriebenen »Wesenskräfte«. Den zwölf Abschnitten des Tierkreises (Sternbilder, Tierkreiszeichen) wird eine Zusatzwirkung als »Haus« zugeschrieben, die je nach Sternbild und Planet verschieden ist.

Astronomie und Astrologie waren im Altertum eine Einheit. Erst in der Neuzeit erfolgte eine Trennung der strengen Wissenschaft von der Deutekunst, die mit Glauben verbunden war.

In Rembrandts Radierung hat der Wissenschaftler (Magier? Astrologe?) in seiner Studierstube die Erscheinung eines von Schriftzeichen durchzogenen Sternes. In der Mitte sind deutlich die Buchstaben INRI (Jesus Nazarenus Rex Judaeorum) zu erkennen. In der okkulten Wissenschaft galt das ABLA-INRI, »Du bist immer mächtig, o Herr«, als Geistersschlüssel. Ob Rembrandts Gelehrter – manche wollen in ihm den Arzt, Astrologen und Schwarzkünstler Dr. Faustus (um 1480 – um 1536) erkennen – indes okkulten Praktiken zuzuordnen ist, darf als eher unwahrscheinlich gelten. Bücher, Schriften, der Globus im Vordergrund lassen ihn vielmehr als ernsthaften Gelehrten, den die Sehnsucht nach Erkenntnis treibt, erscheinen.

Immer waren die Sterne Traumpartner des Menschen. Diese sangen und singen ganz wie im Traum: »Der Mond ist aufgegangen. Die goldnen Sternlein prangen ...« (Matthias Claudius). Manfred Hausmann lässt in einer Hirtenerzählung die Sterne den Menschen ganz nahe kommen: »Wie ein feiner silbriger Rauch wehte die Milchstraße empor, teilte sich, schloss sich wieder zusammen und ging über die Hirten hin.« Auch dies wie ein Traum.

»Ich bin ein Stern, der durch die unendlichen Weiten der Milchstraße wandert« – manch einer hat einen solchen Traum. Andere erträumen sich ein Leben unter einem glücklichen Stern, diesem Einfluss auf ihr Dasein und magische Wunderkraft zutrauend. Kinder träumen zu den Sternen hinauf, wenn sie singen: »Weißt du, wie viel Sternlein stehen an dem blauen Himmelszelt ...?« Im Sterntalermärchen der Brüder Grimm, einem Traummärchen, fallen die Sterne vom Himmel und werden für das Mädchen, das alles, auch sein Letztes hingibt, zu blinkenden Talern.

War es nicht auch ein Traum, als Abraham unter dem nächtlichen Himmel Gott sprechen hörte: »So zahlreich wie die Sterne hier am Firmament, so zahlreich werden die sein, die nach dir kommen« (Gen 15,5)? Und Josef, der junge Träumer, er träumte wirklich seinen Sternentraum, der ihn über seine Eltern und seine elf Brüder hinweghob: »Ich sah die Sonne, den Mond und elf Sterne. Und alle verneigten sich vor mir« (Gen 37,9).

Im Buchbild der Wiener Genesis ist der Träumer auf einem Pfostenbett dargestellt. Den Kopf über dem hoch gebauschten Kissen abgestützt, schaut er im blauen Himmelssegment vor sich die Sonne und den Mond als Personen ihm zugeneigt, sowie die elf Sterne. Mit der linken Hand greift der Schlafende in der Erregung des Traumes in das Betttuch, hebt es an. Mit angezogenen Beinen ruht er in einer eleganten Schlafhaltung. Seine nackten Füße sind uns entgegengestreckt. Eine mit großer impressionistischer Spontaneität hingeworfene Miniatur, höchst lebendig. So malten die Meister der Spätantike. Der purpurgefärbte pergamentene Malgrund zeigt überdies, dass wir es mit einem Blatt aus einer für den byzantinischen Kaiserhof gefertigten Handschrift zu tun haben. Nur die Kaiser hatten Anspruch auf die Farbe Purpur.

Josefs Traum. Buchmalerei. Wiener Genesis. Syrisch um 550. Österreichische Nationalbibliothek Wien.

Wir liegen alle in der Gosse,
aber einige sehen die Sterne.
Oscar Wilde

Gott erschafft den Fixsternhimmel über den sieben Planetenschalen. Skulptur am Münster in Freiburg/Breisgau. 13. Jahrhundert.

Herrlich ist der Himmel beim Glanz
  der Sterne.
Welch funkelnder Schmuck an den
  Höhen des Herrn.
Er, der Heilige, hat ihren Dienst
  geordnet.
Und sie ermüden nie auf ihrer
  Wacht.
*Aus dem alttestamentlich-apokryphen
  Buch Sirach, Kapitel 43,9–10*

22

In sieben Halbkugeln sind die sieben Firmamente, an die das Mittelalter glaubte, übereinander gestülpt, die oberste Halbkugel bedeckt mit Sternen (Fixsternhimmel). Und Gott legt seinen Finger auf einen der Sterne. So erschafft er das Firmament, wie in Gen 1,16–18 beschrieben. Man nimmt an, dass die Zahl 7, die immer die ganze Fülle des dargestellten Gegenstandes repräsentiert, hier die gesamte Ausdehnung des Himmelsgewölbes bedeuten soll. Im Buch Baruch, dass zu den alttestamentlichen Apokryphen zählt, ist der Schöpfungsvorgang so dargestellt: »Er rief das Licht. Und es erschien. Es gehorchte ihm aufs Wort mit Zittern. Er rief die Sterne. Und sie sagten: ›Hier sind wir!‹ Sie leuchteten voll Freude für den, der sie geschaffen hatte. Und dieser mächtige Schöpfer ist unser Gott. Keiner ist ihm gleich« (Baruch, 3,33–37). Und Psalm 136 sieht all das als das Werk einer großen Liebe: »Er hat die großen Lichter gemacht – seine Liebe hört niemals auf. Mond und Sterne für die Nacht – seine Liebe hört niemals auf.«

Und die Gestirne sind Gott untertan. Ambrosius (339–397), Bischof von Mailand, besingt in seinen sechs Büchern über das Sechstagewerk die Schönheit der dienstbaren Gestirne: »Je größer die Schönheit ist, die ihnen der Schöpfer verlieh, so dass die Luft vom Glanz der Sonne heller denn sonst erstrahlt, der Tag freundlicher leuchtet, das Dunkel der Nacht durch des Mondes und der Sterne Gefunkel aufgehellt wird, der Himmel im Schimmer feuriger Lichtgestirne schwimmt, wie von vielen bunten Blumen besät, als ob ein Paradies erblühte, als ob er farbenprächtig vom lebendigen Schmuck duftatmender Rosen erglühte: Je größer also die Pracht erscheint, mit der die Sterne bedacht wurden, umso mehr *schulden* sie (als Dienst). Schmuck des Himmels hat man das vielfach genannt, insofern die Gestirne sein kostbares Geschmeide sind.«

Im Psalm 147,4 heißt es: »Er zählt die Sterne und kennt sie mit Namen.«

Das sind Worte eines Glaubens, der das sternenerfüllte Firmament als Werk des Schöpfers sieht und der sich nicht genug tun kann, das alles immer wieder zu preisen.

*Bileam, Maria, das Kind und
der Stern (links oben über dem
Kopf der Maria). Verfallendes
Fresko. Älteste christliche
Weihnachtsdarstellung. Ende
des 2. Jahrhunderts oder um
230/250. Priscilla-Katakombe,
Rom.*

*Ein älteres Schwarzweißfoto zeigt, wie der Zustand
des Bildes etwa 50 Jahre zuvor noch war*

Und sieh, im verheißenen Land
der weisen Hirten,
der wundertätigen Propheten,
der Männer des Opferns
und des Leidens,
des Abraham und des Jakob,
des Mose und des Aaron,
des Ijob und des Elija –
da stand nur ein einziger
staunender Stern
über Ihm, in wachem Schweigen.
Gopal Sing

Einmal im Jahr aber taucht aus der Tiefe der Weltnacht ein anderer Stern«, sagt Rudolf Hagelstange, »ein Stern, entlassen aus dem Gesetz beharrender Schwerkraft, entlassen in das Gesetz bewegender Liebe.« Schon Israel sah in seiner Frühzeit einen solchen Stern. In Numeri 24,15–17, in der Bileam-Geschichte, ist zu lesen:

»Ich höre, was der Herr verkündet. Ich sehe, was der Mächtige mir zeigt. Ich liege da. Die Augen sind geschlossen. Ich schaue, was Gott vorgezeichnet hat. Ich sehe einen – noch ist er nicht da. Ganz fern erblick ich ihn. Er kommt bestimmt: Ein Stern geht auf im Volk der Jakobssöhne. Ein König steigt empor in Israel.«

Ein ganz irdischer König ist mit diesem geschauten Stern ursprünglich gemeint, ein Besieger der Moabiter. Aber schon die Israeliten haben diesen Stern aus dem Volk der Jakobssöhne auf König David, später auf ihren erwarteten Messias bezogen. So sieht es auch Matthäus: Der Aufgang des Sternes in Numeri 24,17 wird ihm zum Bild für die Geburt des Messias Jesus, des Gottessohnes, des ewigen Friedensbringers. Die Magier, »gewissermaßen die Nachfahren des gleichfalls aus dem Osten stammenden Sehers Bileam« (Matthias Albani), haben seinen Stern im Aufgang gesehen, will heißen: Der Messias ist geboren. – So wird der Matthäus-Text zum Schriftbeweis in erzählender Form. Und so kann Paul Gerhardt 1666 in einem seiner Weihnachtslieder singen: »Jakobs Stern ist aufgegangen, stillt das sehnliche Verlangen.«

1851 entdeckte ein römischer Archäologe in einem Gewölbe der Priscilla-Katakombe ein Fresko, auf dem vor einer Frau, die ihr Kind stillt, ein Mann steht, der auf den Stern über der Szene zeigt. Sehr bald erkannte man darin den Propheten Bileam, der hier Maria und dem Kind die Sternverheißung zuspricht. Den Christen der Frühzeit war solche zeichenhafte Bildsprache geläufig, stellten sie doch häufig Bileam mit dem Stern auf den Weihnachtsbildern ihrer Sarkophage dar. Für uns ist dieses Fresko die älteste bekannte Darstellung der Szene. Und wir können sagen: In diesem Bild wurde der Weihnachtsstern mit seinen acht Strahlen gleichsam geboren. Seit damals haben die Christen ihren Weihnachtsstern in unzähligen Formen immer wieder tief verehrt.

Da der Winter mit den funkelnden Sternennächten vor der Tür steht, haben Christoph und Görge sich einen Linsensatz für zwei Mark sechzig kommen lassen und sind allen Ernstes dabei, ein Himmelsfernrohr zu erbauen. Martin geht einige Tage mit den Händen in den Taschen um die Arbeitenden herum und fragt sie hin und wieder etwas. Dann zieht er sich in sein Kämmerchen zurück.

»Christoph und Görge«, sagt er eines Abends beim Essen, »glaubt ihr, dass ich hiermit einen Stern erkennen kann?« Er holt, sich auf dem Stuhl zur Seite neigend, eine leere Zwirnrolle aus seiner Tasche, hält sie vors Auge und richtet sie auf die Lampe über dem Tisch.

»Das soll nämlich mein Fernrohr sein.«

»Zeig mal her!«, sagt Christoph lachend.

»Und hier habe ich eine Linse vorgemacht. Glaubst du, dass ich da einen Stern mit erkennen kann?«

Christoph blinzelt hindurch. »Natürlich kann man damit einen Stern erkennen. Alles kann man damit erkennen. Nicht ganz so gut wie mit dem bloßen Auge, aber immerhin.«

Der Vater möchte gern wissen, um was für eine Linse es sich handelt. Christoph reicht ihm die Rolle. Die Linse besteht aus einer kleinen dreieckigen Glasscheibe, die Martin mit Blauköpfen vor die Öffnung der Rolle genagelt hat. »Das ist ja ein wunderbares Fernrohr«, sagt der Vater, indem er ein Auge zukneift und gleichfalls die Lampe betrachtet.

»Glaubst du, dass ich damit einen Stern erkennen kann?«

»Jeden Stern kannst du damit erkennen. Komm, hier hast du dein Fernrohr wieder.«

Aber die Mutter bittet darum, es auch einmal ausprobieren zu dürfen.

Nachdem sie es von allen Seiten bewundert hat, sieht sie hindurch.

»Kann ich eigentlich den Mond da auch mit erkennen?«, fragt Martin.

Görge wirft ein, heute Abend gebe es keinen Mond.

»Aber Sterne?«

»Sterne genug.«

Kind, den Weihnachtsstern schauend

»Dann will ich mal zwei Sterne ... drei Sterne will ich mal mit meinem Fernrohr erkennen.«

Sowie das Abendbrot beendet ist, läuft Martin auf die Terrasse und sucht den Himmel mit seiner Zwirnrolle ab.

Nach einer Viertelstunde schiebt er sich in die Bibliothek und wartet, dass der Vater, der dort die Zeitung liest, einmal aufblickt.

»Na, Martin?«

»Leider kann ich da doch keinen richtigen Stern mit erkennen.«

»Warum denn nicht?«

»Ne. Ich kann nur Punkte erkennen.«

»So sehen die Sterne eben aus. Wie Punkte.«

»In meinem Bilderbuch sehen sie aber ganz anders aus. Weißt doch, mit so Zacken herum und so.«

»Die gewöhnlichen Sterne sehen tatsächlich wie Punkte aus. Und wenn du durch Christophs und Görges Fernrohr guckst, dann sehen sie immer noch wie Punkte aus. Da hilft nichts. Etwas anderes ist es wohl mit dem Weihnachtsstern. Der hat wohl diesen herrlichen Glanz und die Strahlen und alles.«

»Kann ich den Weihnachtsstern denn mal mit meinem Fernrohr erkennen?«

»Ich glaube nicht, Martin. Er scheint in unserer Zeit nicht mehr am Himmel. Ich hab' ihn jedenfalls noch nie gesehen.«

»Wie schaade!«

Und dann kommt der Abend, an dem Christoph und Görge ihr Fernrohr zum ersten Mal im Freien aufstellen, um die Wunder der Himmelswelt zu erforschen.

Es ist inzwischen bitterkalt geworden, bald wird Weihnachten sein, der frisch gefallene Schnee glitzert im Sternenlicht. Die übrige Familie nimmt, in Mäntel gehüllt, an dem Ereignis Anteil. Aber Christoph und Görge haben vor lauter Leidenschaft nicht einmal ihre Jacken an. Sie wollen versuchen, die Monde des Jupiter zu beobachten.

»Welcher ist denn der Jupiter?«, fragt Martin.

»Da ist er.«

Martin zieht den Mantel hoch und kramt in seiner Hosentasche herum. Dann setzt er sein Fernrohr an, beugt den Kopf zurück und sucht den Jupiter. Mit einem Male sagt er leise zu sich selber: »Oh!« Und noch einmal wie erschrocken – »Oh!« und dann ganz überwältigt: »Oh!«

»Was ist denn?«, fragt Vater.

»Ich erkenne den Weihnachtsstern«, flüstert Martin, ohne die Zwirnrolle von seinem Auge zu nehmen.

»Wirklich? Wie sieht er denn aus?«

»Mit lauter so darum herum aus Gelb und Grün und Golden.«

Da muss der Vater doch auch einmal durch Martins Fernrohr sehen. Und wirklich, es gleißt und schimmert um den Jupiter herum, dass es nur so eine

Art hat. Aber der Vater erkennt auch gleich, wie das Feuerwerk zustande kommt. Auf der Glasscherbe sitzt ein fettiger Fingerabdruck über dem andern, und in den zarten Rillen bricht sich der Sternenschein, glänzt auf und versprüht zu farbigen Strahlen.

Der Vater legt das Fernrohr wieder in Martins ausgestreckte Hand und sagt, dass er noch nie in seinem Leben einen so zauberhaften Stern erblickt habe wie diesen.

»Komm, Mutti soll sich auch einmal dran erfreuen.«

»Haben Christoph und Görge ihn auch erkannt?«

»Nein. Das Fernrohr von Christoph und Görge ist nur für gewöhnliche Sterne bestimmt.«

»Wem sein Fernrohr findest du besser, meines oder Christoph und Görge seins?«

»Ein besseres Fernrohr als das, womit man den Weihnachtsstern erblicken kann, dürfte es wohl nirgends auf der Welt geben!«

»Oh!«, sagt Martin.

Manfred Hausmann

Die himmlischen Sterne sind alle Nacht schön,
doch heute blinkt einer aus himmlischen Höhn,
der zeigt uns den Weg, und wir folgen geschwind
und segnen die Mutter und grüßen das Kind.
Rudolf Alexander Schröder

Gib acht auf diesen hellen Schein,
der aufgegangen ist.
Er führet dich zum Kindelein,
das heißet Jesus Christ.
Michael Müller 1700/1704

An einer gewichtigen Stelle des Evangeliums leuchtet ohne Vor- und Nachklang die antike – im alten Testament verworfene – Astrologie neu auf. In der Erscheinung des Sternes verbindet sich die Geburt des Messias-Kindes mit der Weisheit orientalischer Sterndeuter.

Die Magier (griechisch magoi) kamen aus dem Osten. Genaueres sagt das Evangelium nicht. Doch liegt nahe, Chaldäa (Babylonien), die Heimat und klassische Stätte der Sterndeuterkunst, als Herkunftsort anzunehmen. Die Chaldäer waren einerseits (seit dem 2. Jahrtausend v.Chr.) *Astronomen*, die Gestirnserscheinungen genau zu beobachten und zu berechnen wussten. Die berühmte (datierte) Keilschrifttafel der Sternwarte von Sippar bei Babylon weist es aus: Im Jahr 7 v.Chr. standen – dies eine sehr seltene Himmelserscheinung – die Planeten Jupiter und Saturn im Sternzeichen der Fische, und zwar in dreimaliger großer Konjunktion vom 19. Mai bis 8. Juni, vom 26. September bis 8. Oktober und vom 5. bis 15. Dezember, so wie es im Jahr 1604 von Johannes Kepler noch einmal korrekt nachberechnet wurde.

Andererseits waren die Chaldäer – zur Zeit der Geburt Jesu in der gesamten hellenistischen Welt dafür berühmt – *Astrologen* (magoi, Sterndeuter). Als solche fragten sie nach der *Bedeutung* der Himmelserscheinung. Ihr astrologisches Wissen sagte es ihnen: Jupiter ist der Königsstern, Saturn der schützende Stern des Volkes der Juden. Beider Zusammentreffen im Sternbild der Fische (der Fisch wurde später Glaubenssymbol der jungen Christenheit) eröffnet darüber hinaus eine endzeitliche Dimension: Im Westland der Juden muss ein bedeutender messianischer König erschienen sein. Ganz konsequent, dass sie sich diesen nur als neugeborenen König im von König Herodes beherrschten Judäa vorstellen konnten. So erschienen sie denn mit entsprechender Frage in der judäischen Hauptstadt Jerusalem.

Bis hierher bleibt Matthäus noch ganz im Kontext chaldäischer Astrologie. Dann aber macht er den Stern mit dem Verweis hebräischer Schriftgelehrter auf Betlehem zum Heilszeichen des Kindes Jesus. Aus dem astronomischen, astrologisch gedeuteten Himmelsphänomen wird bei Matthäus *theologisch* der Glaubens- und Gottesstern der christlichen Weihnacht.

Jupiter und Saturn, die größten Planeten, treffen im Sternbild der Fische zusammen. So ist der Abendhimmel über Babylon wie über Betlehem im Dezember des Jahres 7 v.Chr. von einer großen Lichterscheinung beherrscht. Computergrafik.

Das Aufleuchten des Sternes macht Jesu Geburt zu einer Epiphanie. Epiphanie, das weiß man generell in der Antike, bedeutet immer das Erscheinen einer Gottheit. Darum wird das alte Geburtsfest Christi am 6. Januar, das Dreikönigsfest, von alters her Epiphaniasfest genannt. Epiphanias, so die antik-christliche Sternenfrömmigkeit, meint: Der Gott Christus ist aus seiner Verborgenheit hervorgetreten. Ein Stern zeigt es an.

Und die Chaldäer machen sich auf ...

»Es waren dunkle Zeiten«, sagt Wilhelm Willms: »Man redete von einem Stern. Er näherte sich der Erde. Und die Menschen hielten den Atem an vor Erwartung.«

Tief sind diese drei auf der zerbrochenen Säule in der Wüste, forschend in Schriftrolle und gebreitetem Papier, von der Ungeheuerlichkeit der neuen Himmelserscheinung durchdrungen. Aufgemacht haben sie sich, weil »sich in ihrem Blick ein Stern gespiegelt«. Und dieser Stern, den sie beim Aufgehen beobachtet hatten, ist wieder über ihnen mit mächtigem Kometenschweif. Und jetzt sitzen sie, die Wüstendünung hinter sich, und sinnen, reden, beratschlagen. Der rechte mit dem Gebetsschal über dem Kopf ist ein Jude. Wir wissen, dass es auch zur Zeit der Geburt Jesu jüdische Gelehrte in Babylon gab.

»Diese Reise der Sterndeuter, von der wir so wenig wissen, gehört zu den von Künstlern immer wieder beschworenen Urbildern des wandernden Menschen. Dieses Vertrauen, nach den Zeichen eines Sternes auf der Erde einen Weg zu einem unbekannten Ziel zu suchen, und die Gnade, es tatsächlich zu finden, scheint uns Heutige tief zu berühren, uns, denen nichts so sehr fehlt, wie das Vertrauen in unseren Weg, in unsere Ziele oder gar in einen Gott, dass er uns Zeichen gäbe, wohin die Reise zu gehen habe« (Jörg Zink).

Es waren dunkle Zeiten ... Im Dunkeln sitzen sie, aufblickend, nach innen schauend, voller Erwartung und Hoffnung. Nichtchristliche Magier, Sternenkundige sind es. Und doch ist es, als wären diese drei den christlichen Worten des zweiten Petrusbriefes im Neuen Testament ganz nahe:

> Die Voraussagen der Propheten sind zuverlässig.
> Ihr tut gut daran, auf sie zu achten.
> Ihre Botschaft ist für euch wie ein Licht,
> das da scheint an einem dunklen Ort,
> bis der Tag anbricht
> und der Morgenstern aufgeht in eurem Herzen.
> *2. Petrus 1,19*

Sieger Köder, »Wir haben seinen Stern gesehen«. Bleistiftzeichnung. Privatbesitz.

'

Die Könige waren Weise«, heißt es in der Legenda Aurea des Jacobus de Voragine um 1270: »In ihrer Heimat stiegen sie auf Berge, um die Sterne zu studieren.«

Hier sehen die bärtigen Magier (mehr als drei!) in Babylon den Stern zum ersten Mal. Auf drei Bergkuppen verteilt, heben sie ihre Hände dem riesigen achtstrahligen Himmelsgebilde, in dem das Kind mit geschultertem Kreuz sichtbar wird, entgegen. Ihre Gesichter spiegeln gläubiges Erstaunen. Die zwei in der Mitte tragen Turbane. Darin mag – das Bild entstand in Spanien – Arabisches mitschwingen. Die Lichtflut des Sternes aber ist so stark, dass sie das ganze Firmament erfüllt.

All dies beruht auf einem Text, den bereits der Kirchenvater Chrysostomos, Bischof von Konstantinopel (er lebte von 354 bis 407) zitierte: »An dem Tag, als Christus geboren wurde, beteten einige Magier auf dem Gipfel eines Berges. Plötzlich sahen sie, wie sich ein Stern in die sehr schöne Gestalt eines Kindes verwandelte, über dessen Haupt ein Kreuz zu sehen war. Dann begann der Stern zu sprechen und sagte zu ihnen: ›Geht nach Judäa, dort werdet ihr ein neugeborenes Kind finden.‹«

Eine christliche Sicht auf die Sterne hatte bereits 100 Jahre zuvor der Kirchenvater Origenes gewonnen. Eusebius von Caesarea, Geschichtsschreiber Kaiser Konstantins, teilt mit, Origines sei (im 3. Jahrhundert!) der Ansicht gewesen, man könne die Sternenschrift durchaus lesen, wenn dies auch vornehmlich nur Engeln und seligen Geistern möglich sei. Sterne, so Origenes, seien von Gott gelenkte Mittelwesen, die sowohl etwas anzeigen als auch in die untere Welt hinabwirken könnten. In ihnen wirke der, der sie geschaffen habe und der sich ihrer als Zeichen bediene.

Christliche Magier: Nach Leo dem Großen (Papst von 440 bis 461) verdanken die Magier es ebenso astrologischen Kenntnissen wie dem Heiligen Geist, dass sie den Stern als den Messias-Stern erkannten. Nichts mehr also von chaldäischen Sterndeutern einer anderen Religion. Früh schon bemächtigte sich das Christentum der Sternenwelt und integrierte sie fest in die eigenen Traditionen. Der Sternenhimmel der Astronomen war durch den Glaubenshimmel abgelöst.

Meister von Avila, »Verkündigung an die Magier«. 1480. Linker Flügel eines Triptychons.
Ausschnitt. Madrid, Museum Lázaro Galdeano.

Aurelius Prudentius (348 bis nach 405), der größte Dichter der christlichen
Antike, schrieb in einem Lehrgedicht über den Stern der christlich gesehenen
Magier in feierlichen Hexametern:

> Diesen Knaben, sie sagen, wir sahn meteorhaft erscheinen,
> ja überstrahlen die ältren Gestirne mit lichterer Leuchtspur,
> starr vor Schreck, in der Nacht, auf der Bergsternwarte Chaldäa.

Wenn auch schon früh von den Schriftstellern christlich interpretiert, so bleiben doch die Magier Angehörige fremder Völkerschaften. Manche stellten sie sich als Parther, manche als Perser, manche als Babylonier (Chaldäer) vor. Insbesondere die vielen Weihnachtsdarstellungen frühchristlicher Sarkophage geben Kunde davon. In unserem Sarkophag aus Arles tragen die Magier die berühmten phrygischen Mützen, die auf Persien verweisen, dazu enge Hosen und Langröcke, die in Dreieckszipfeln enden.

In ihrer rhythmischen Bewegtheit sind die drei Magier unten alle auf den Stern links oben bezogen. Der linke von ihnen weist mit hoch erhobenem Zeigefinger zum Stern hin. Dabei macht er den mittleren, sich ihm zuwendend, auf die Erscheinung aufmerksam. Der Magier rechts unterstützt dies Vorhaben. Auch er hebt die eine Hand empor und lässt die andere mit zwei ausgestreckten Fingern derselben Richtung folgen. Alle drei sind offenbar noch unterwegs, tragen keine Gaben. Ihrem Ziel aber sind sie nahe, denn über ihnen entfaltet sich das Geburtsgeschehen. Oben rechts ein großer Hirte mit Keule. Sein Oberkörper ist nackt. Auch er weist, wie sonst in ähnlichen Darstellungen der Seher Bileam an der Krippe, auf den Stern. Das bis über den erhöhten Kopf fest gewickelte Kind liegt in einem Korb, der auf mächtigen Pfosten ruht. Sein Blick geht zu den Tieren, die ihre Häupter, in denen sich ein Lächeln zu spiegeln scheint, dicht über den Körper des Kindes neigen. »So beteten sogar die Tiere, Ochs und Esel, ihn ständig an, während sie ihn zwischen sich hatten«, heißt es in einem mittelalterlichen Text.

Maria aber (Josef fehlt noch in der Frühzeit) sitzt abseits, ohne Blickkontakt zum Neugeborenen. Bis über den Kopf in die Palla – das Obergewand der römischen Frauen – gehüllt, das Kinn in die Hand gestützt, sinnt sie mit großen Augen nach. Dieses Element ist typisch für die ältesten Weihnachtsbilder christlicher Kunst. Doch Maria sitzt direkt unter dem Stern, dem beherrschenden Symbol der gesamten Szenerie. Er bindet – dreimal strecken sich Hände nach ihm hin – die Geschehnisse beider Zonen dieses großartigen frühchristlichen Weihnachtsbildes aneinander.

Magier und Krippenkind. Reliefsarkophag, Schmalseite.
Mitte des 4. Jahrhunderts. Musée d'Arles Antiques, Arles.

Matthäus ist der Evangelist des Sterns. Ohne den Satz der Sternkundigen aus den Ländern des Ostens »Wo ist der jüngst geborene König der Juden? Wir haben sein Gestirn im Aufgang gesichtet und sind gekommen, uns tief vor ihm zu verneigen«, gäbe es keinen Stern der christlichen Weihnacht.

Unser Doppelbild – die Darstellung ist selten – zeigt links den Evangelisten auf einem Schreibthron mit der Taube des Heiligen Geistes am Ohr und seinem Symbol, dem Engel, über ihm. Dieser weist auf das Kraftzentrum des Ganzen, den beiderseits von vier lobpreisenden Engeln flankierten Stern, der freischwebend, fünf Strahlen nach unten sendet.

Matthäus ist Seher, »Gehäuse und Kelch des geoffenbarten Wortes« (W. Nyssen): Seine Hand mit dem Schreibgriffel setzt er bereits an. Gleich wird er auf dem noch leeren Blatt seine von der Geisttaube inspirierte Geburtsgeschichte aufzeichnen. Dem hohen thronartigen Podest, auf dem Matthäus sitzt, entspricht in der Höhle (kein Haus, wie Mt 2,11!) die Kathedra, auf der Josef, die nackten Füße über Kreuz, thront. Das ist ganz ungewöhnlich, wird Josef, der gemeinhin nur eine Nebenrolle hat, hier doch mit dem offenen Gesicht zum Stern hin und mit der auf den Evangelisten weisenden Hand eine Vermittlerposition zuerkannt. Es scheint, als wolle er sagen: ›Ich verstehe, dass dieser Stern als Kosmoszeichen das universale Königtum des Christus, der noch als Kind (wenngleich mit Kreuznimbus) in der Krippe liegt, verkündet. Er ist die Epiphanie, die Erscheinung Gottes, das alle Zeiten überdauernde Licht.‹

Auch die sitzende Maria, mit der Hand am Rand des Krippenaltares ihre Verbundenheit mit dem Kind bezeugend, schaut wissend-aufmerksam gleichzeitig zum Stern hinauf und zu Josef hinüber. Auch sie versteht.

Die Gesichter von Maria/Kind/Josef sowie vom Evangelisten und den Engeln stehen in engem Spannungsverhältnis; ebenso besteht eine intensive Korrespondenz zwischen den Händen. Das betrifft nicht zuletzt die acht Engel, die dem Stern huldigen.

Eine seltene, eigenartige Komposition von tiefer theologischer Aussagekraft. Und der Stern, mag er bescheiden gezeichnet sein – welch beherrschende Kraft geht von ihm aus!

Evangelist Matthäus und Geburt Christi. Aus einem Bamberger Matthäus-Evangelium des 12.
Jahrhunderts. Bayerische Staatsbibliothek München.

Du Morgenstern, du Licht vom Licht, das durch die Finsternisse bricht,
du gingst vor aller Zeiten Lauf in unerschaffner Klarheit auf.
Johann Gottfried Herder

SIEH DOCH, DER STERN

Da glänzt ein Stern, wie keiner noch den Kundigen erschienen.
Auch andre glänzen. Dieser doch glänzt wie ein König unter ihnen.

Legt Maß und Zirkel aus der Hand und seht nach den Kamelen!
Den Weihrauch nicht aus Samarkand, die Myrrhe lasst, das Gold nicht fehlen!

Es kann nichts geben, was uns schreckt, nicht Berg, nicht Fluss,
nicht Wüstenweiten,
durch die sich unser Weg erstreckt.
Wir müssen reiten, reiten, reiten ...

Wohnt er im Haus, wohnt er im Zelt, dem so ein Stern beschieden,
ein König gar und bringt der Welt den uns verheißenen, den Frieden?

Wir bleiben nirgends lange stehn. Er glänzt noch fern im Westen.
Bald können wir im Fluss ihn sehn, bald in den Terebinthenästen.

Wer weiß, wie lang die Reise wird? Vielleicht nach hundert Tagen
erkennen wir, dass wir geirrt. Er glänzt und schweigt. Wir müssen's wagen.
Manfred Hausmann: Die Weisen

Auf hohen, reich geschmückten Kamelen kommen diese Weisen aus dem Dunkel. Vor sich den hell leuchtenden Stern, ziehen sie in ferne Weiten. Im Zentrum des Bildes hält der dritte Weise auf einer Bergkuppe, alle anderen überragend, inne und wendet sich in seinem Holzsattel nach hinten, als wolle er den bisher zurückgelegten Weg noch einmal prüfend wahrnehmen.

Gustave Doré, der viele Bücher der Weltliteratur illustrierte, zeigt hier eine große Tiefendimension, ein spannungsreiches Hell-Dunkel (der Stern wirft sein Licht auf die gesamte Gruppe), sowie eine gewisse Theatralik, als sei das Ganze auf einer Bühne arrangiert.

Wenn du die wahre Gottheit des Kindes nicht kennst,
achte auf den Stern, der am Himmel leuchtet,
der den Weisen vorangeht auf ihrem Weg.
Frühchristlicher Weihnachtstext

Der Stern der Weisen. Illustration aus der Bibelausgabe 1866 von Gustave Doré (1832–1883).

Wir sahen den Stern in der dunklen Nacht.
Gott hat diesen Stern uns zum Zeichen gemacht.
Johannes Jourdan

KÖNIGE UND DER STERN

In einem Hymnus, in dem sich antike Sternfrömmigkeit christlich verklärt, deutet der Kirchenvater Ignatius, Bischof von Antiochien um 110 n.Chr., an, dass jener Stern übernatürlicher Herkunft gewesen sei: »Ein Stern strahlte auf am Himmel, heller als alle Sterne sonst. Sein Licht war unbeschreiblich und seine Neuheit rief Staunen hervor. Alle übrigen Sterne aber samt Sonne und Mond führten einen Reigen vor diesem Stern auf. Und sein Licht überstrahlte alles. Und es herrschte Bestürzung darüber, woher diese neue Erscheinung sei.«

Die Könige unseres Bildes haben die erste Bestürzung schon hinter sich. Aber immer noch weisen sie, sich von ihm führen lassend, voller Staunen auf den Stern, der über ihnen in einer Welle von Wolken erstrahlt. Der König links zeigt mit der Rechten zu ihm auf. Der König in der Mitte wendet sich zu ihm zurück, macht gleichzeitig eine weisende Geste hin zum vordersten König. Dieser, ebenfalls im Reiten sich wendend – sein Pferd ist, mit den Hinterbeinen eine Stufe nehmend, bereits zur Hälfte in der Toröffnung (hinein nach Jerusalem) verschwunden –, hält mit der Hand über den Augen Ausschau nach dem Stern.

Alle drei sind wohlberitten auf unterschiedlich farbigen, kraftvoll ausschreitenden stolzen Pferden. Auch in der Kleidung der Könige hat der Glasmaler auf einen subtilen Farbwechsel geachtet. Ihre Gesichter hat er fein gezeichnet, ganz ausdrucksvoll und sehr individuell zugleich.

Ein Glasfenster, dessen dunkles Hintergrundblau erahnen lässt, wie tief es im Licht der Sonne erstrahlen muss.

Diese Könige sind nicht mehr weit von dem Ziel, das sie so beharrlich verfolgt haben. »Wir sahen seinen Stern im Osten«, werden sie gleich zu König Herodes sagen. »Wir sind ihm gefolgt, den neugeborenen König zu finden und anzubeten.«

Die den Stern sahen, öffneten uns den Weg,
den wir gut gehen.
Julia Esquivel

Königsritt unter dem Stern. Glasfenster. Ausschnitt. Um 1200. Kathedrale von Canterbury, England.

Weise
Sternendeuter
sucht
meinen Stern
des Glücks.

Findet
sein Funkeln
seinen
rettenden
Glanz.

Sturz und
Verlöschen
Rauch
und Sand.
Rose Ausländer

König Herodes und der Stern. Makonde-Weihnachtskrippe des Ernest Chibanga 1977.
Ausschnitt. Lüneburg, Johanniskirche.

In jeder Nacht, die mich bedroht,
ist immer noch dein Stern erschienen.
Jochen Klepper, aus dem Trostlied am Abend

Nur 70 Jahre nach Matthäus lässt Jacobus in seinem Marien-Evangelium (Kindheitsevangelium) die Weisen auf Nachfrage dem König Herodes das Aufgehen des Sternes ausführlicher beschreiben: »Wir haben gesehen, wie ein unbeschreiblich großer Stern unter den anderen Sternen erschien und die anderen verdunkelte, so dass sie nicht mehr schienen. Und so erkannten wir, dass für Israel ein König geboren wurde.«

Der afrikanische Bischof Fulgentius von Ruspe (467–533) – Ruspe war eine kleine Hafenstadt am Mittelmeer –, der in der Nachfolge des Augustinus stand, setzt sich in einer Epiphanie-Meditation mit Herodes auseinander: »Weshalb erschrickst du so, Herodes? Nachdem du die Geburt des Königs der Juden vernommen hast, erschrickst du; argwöhnische Gedanken peinigen dich. Die Stachel des Neides erregen dich. Und darum suchst du den neugeborenen König zu töten. Grundlos ist deine Verwirrung und völlig zwecklos dein Vorhaben. Du treibst in dein Verderben und weißt es nicht. Dieser König, der geboren wurde, ist nicht gekommen, um Könige im Kampf zu besiegen. Er ist gekommen zur Rettung der Völker. Grundlos hast du ihn voll Neid als Nachfolger gefürchtet, den du gläubig als deinen Retter hättest suchen sollen. Dass du doch auch mit den anbetenden Weisen ihn in gleicher Weise anbeten und nicht die Weisen mit einem trügerisch listigen Auftrag zu ihm schicken wolltest.«

Wir sehen einen Herodes, der den Stern der Verheißung direkt neben sich hat. Aber er nimmt ihn nicht wahr. Er dürfte gefangen sein in den Gedanken um seinen Machterhalt, um die Regierungsnachfolge seines Geschlechtes. Vielleicht sieht er schon die Kinder, die umzubringen sind, vor sich. Sein im Ausdruck kaum zu beschreibendes Gesicht ist bestimmt von der riesigen Nase. Herodes ist schwer bewaffnet. Die linke Hand krallt sich um den Speer mit breiter todbringender Spitze. Die rechte Hand hält ebenso entschlossen den aufrecht stehenden Griff des Dolches in seinem Schoß. So hockt er da – »heuchlerische List, gottloser Unglaube, trügerische Bosheit« (Fulgentius von Ruspe). Nein, der Stern, von dem ein Strahlenbündel bis hin zum Kind der Maria (hier nicht sichtbar) sich fortsetzt, wird ihn nicht erleuchten.

Stern und Höhlengeburt

Von den Schriftgelehrten des Königs Herodes auf den Weg nach Betlehem gewiesen, ziehen die Könige von links heran. Ort der Geburt in Betlehem, das ist hier in der Vorstellung des Ikonenmalers, der in der ostkirchlichen Tradition steht, die Höhle. Unter einem hochaufragenden bildbeherrschenden Berg birgt sie sich. Zweimal ist der Stern im Bild: einmal als riesiges Kreisgebilde (sichtbar ist nur ein Ausschnitt) mit weiß-gelb-rot herabträufelnden Strahlen über dem Berg. Hier ist der Stern zugleich Leitorientierung für die Könige, wie die Lichterscheinung für die Hirtenverkündigung rechts. Der zweite Stern leuchtet achtstrahlig mitten in der schwarzen Höhle über dem winzigen Krippenkind mit ebenso winzigen Tieren: Maria und Josef knien darüber, breiten ihre Arme aus, beten das Kind an. Ihre mächtigen Nimben leuchten wie zwei Sonnen beiderseits des Sterns. Purpurn ihre Gewänder. Zartgliedrig ihre Hände.

Rechts oben bilden vier Engel die himmlische Heerschar. Einer von ihnen, es ist der Engel der Verkündigung, streckt die Hand aus. Ein junger Hirte mit einer Gruppe weißer Schafe seitwärts blickt gläubig auf. Ein alter Hirte unten schaut tiefergriffen das Geburtsgeschehen. Seine Schafe laufen auf die Krippe zu.

Die Könige aber mit ihren Gaben, so scheint es, müssen den Berg erst noch umrunden.

Ein fremdartig-anmutiges Bild, in ganz kindlicher Frömmigkeit mit großer Meisterschaft gemalt.

> Von der Höhle verborgen,
> wurdest du geboren.
> Aber der Himmel
> hat dich allen kundgetan
> wie ein Mund
> und hat den Stern darübergestellt,
> o Retter.
> *Ostkirchliche Liturgie*

Christi Geburt. Ikone aus Gorna Orjachoviza. 17. Jahrhundert. Museum Sofia.

König mit Stern vor dem Kind. Gustorfer Chorschranken (Ausschnitt), Köln 1130–1140),
Rheinisches Landesmuseum Bonn.

Deine Geburt, o Christus, unser Gott,
hat der Welt das Licht der Erkenntnis aufleuchten lassen.
In ihr wurden die Verehrer der Gestirne
durch einen Stern belehrt, dich anzubeten,
du aufgehender Stern aus der Höhe.
Aus einem frühchristlichen Weihnachtshymnus

Diesen Stern festhalten. Der bärtige König aus der romanischen Skulptur – ein zweiter mit ausdrucksvollem Gesicht hinter ihm – trägt den Stern in der Rechten vor sich her. Die Linke hat er grüßend erhoben. Er hat es gewagt, nach den Sternen zu greifen, und bringt nun diesen einen, »dies große Zeichen vom Himmel« (Offenbarung 12,1), dem Kinde zu Gesicht: »Schau hier, dein Stern! Er öffnete uns den Weg. Er hat uns geführt. Nun haben wir dich gefunden. Tief wollen wir uns neigen. Nimm unsere Gaben. Sei gelobt in Ewigkeit. Wir wissen es: Du selbst bist der verheißene Stern!«

In seinem Gedicht »Wie die Weisen« zeigt uns Kurt Wolff, was es heißt, unbeirrbar seinen Weg zu gehen, nicht nachzulassen in der Beharrlichkeit, alle Hindernisse zu überwinden, um mit dem Stern vor Augen das Kind, den Menschen, zu finden.

Wie die Weisen
prüfen und abwägen
beobachten und berechnen
wie die Weisen
neugierig sein
und auf der Spur bleiben
auswählen und verwerfen
wie die Weisen
forschen und Ausschau halten
lehren und lernen
wie die Weisen
suchen und aufspüren
und mit den Freunden
ein Ziel vor Augen haben
wie die Weisen
sicher sein und dem Stern folgen
nachfragen und auf Antwort warten
wie die Weisen

die Ratlosigkeit der Mächtigen ertragen
unterwegs sein und ankommen
wie die Weisen
Geschenke machen und anbeten
träumen und Gottes Weisung erfahren
wie die Weisen
hören und entscheiden
aufbrechen und unterwegs sein
wie die Weisen
sich nicht irre machen lassen
umkehren und den Weg ändern
wie die Weisen
den König suchen und das Kind finden
den Herrn suchen
und den Knecht finden
wie die Weisen
nach den Sternen greifen
und den Menschen finden

Herzog Jean de Berry, mächtiger französischer Fürst aus dem Königsgeschlecht der Valois, Sammler und Mäzen, ließ zu Beginn des 15. Jahrhunderts von drei Malern aus Nimwegen, den Gebrüdern von Limburg (Paul, Herman, Jean), ein Stundenbuch (Gebetbuch für die acht Gebetszeiten des Tages und der Nacht) malen, das zu den größten Kostbarkeiten der mittelalterlichen Buchmalerei zählt.

Unser Bild ist kühn und reich komponiert. Eine mächtige übereinander gestaffelte exotische Masse von Mensch und Tier drängt in einer exotischen Vielfalt von Kostümen, Kopfbedeckungen und Gesichtern in einem förmlichen Taumel der Figuren und Farben von rechts herein. Fahnen ragen heraus, ein Pferde-, ein Kamelkopf. Die Blicke der Menschen aber gehen nahezu alle zum Kind.

Unten die drei Könige. Barhäuptig. Ihre Kronen werden von Dienern gehalten. Kniefällig liegt Melchior vor dem nackten Kind, das ihm seine Linke auf das greise Haupt legt, während die Rechte zum Segen erhoben ist. Mit verhüllter Hand führt dieser König, gezähmte Geparden zur Rechten und zur Linken, den Fuß des Jesuskindes an seine Lippen. Hinter ihm hat sich Balthasar in der orientalischen Anbetungshaltung der Proskynese – Zeichen höchster Ehrerbietung und Selbsterniedrigung – zu Boden geworfen, berührt mit der Stirn die Erde und küsst sie. Die Goldkrone Melchiors hat Josef entgegengenommen. Das Myrrhegefäß Balthasars hält ein Diener hinter ihm. Der junge Caspar aber präsentiert den Weihrauch in einem goldenen Deckelgefäß selbst. Aufrecht kniend ist er gänzlich in den Anblick des Kindes versunken.

Links, unter dem Dach des hohen leicht gebauten Stalls Maria im lasurblauen (Lapislazuli!) Gewand. Hinter ihr, wie ein eigener kleiner Hofstaat, sechs vornehm modisch gekleidete Frauen, zwei unter ihnen, wie ihre Nimben zeigen, Heilige. Dahinter wiederum demütig anbetende Hirten.

Und das alles unter dem großen Schweifstern, der von musizierenden Engeln umgeben, aus höchsten Höhen sein Strahlenbündel durch das Stalldach bis auf Marias Strahlennimbus herabsendet.

Gebrüder Limburg (1385/90–1416), »Anbetung der Könige«. Aus dem Stundenbuch
»Très Riches Heures« des Duc de Berry. Buchmalerei 1414–1416. Chantilly, Musée Condé.

Die vornehmen Leute aus dem Osten hatten den Stall und die Krippe noch nicht lange verlassen, da trug sich eine seltsame Geschichte in Betlehem zu, die in einem Buch verzeichnet ist. Wie die Reitergruppe der Könige gerade am Horizont verschwand, näherten sich drei merkwürdige Gestalten dem Stall. Die erste trug ein buntes Flickenkleid und kam langsam näher. Zwar war sie wie ein Spaßmacher geschminkt, aber eigentlich wirkte sie hinter ihrer lustigen Maske sehr, sehr traurig. Erst als sie das Kind sah, huschte ein leises Lächeln über ihr Gesicht. Vorsichtig trat sie an die Krippe heran und strich dem Kind zärtlich über das Gesicht. »Ich bin die Lebensfreude«, sagte sie. »Ich komme zu dir, weil die Menschen nichts mehr zu lachen haben. Sie haben keinen Spaß mehr am Leben. Alles ist so bitterernst geworden.« Dann zog sie ihr Flickengewand aus und deckte das Kind damit zu. »Es ist kalt in dieser Welt. Vielleicht kann dich der Mantel des Clowns wärmen und schützen.«

Darauf trat die zweite Gestalt vor. Wer genau hinsah, bemerkte ihren gehetzten Blick und spürte, wie sehr sie in Eile war. Als sie aber vor das Kind in der Krippe trat, schien es, als falle alle Hast und Hektik von ihr ab. »Ich bin die Zeit«, sagte die Gestalt und strich dem Kind zärtlich über das Gesicht. »Eigentlich gibt es mich kaum noch. Die Zeit, sagt man, vergeht wie im Flug. Darüber haben die Menschen aber ein großes Geheimnis vergessen. Zeit vergeht nicht. Zeit entsteht. Sie wächst wie die Blumen und Bäume. Sie wächst überall dort, wo man sie teilt.« Dann griff die Gestalt in ihren Mantel und legte ein Stundenglas in die Krippe. »Man hat wenig Zeit in dieser Welt. Diese Sanduhr schenke ich dir, weil es noch nicht zu spät ist. Sie soll dir ein Zeichen dafür sein, dass du immer so viel Zeit hast, wie du dir nimmst und andern schenkst.«

Dann war die dritte Gestalt an der Reihe. Sie hatte ein geschundenes Gesicht voller dicker Narben, so als ob sie immer und immer wieder geschlagen worden wäre. Als sie aber vor das Kind in der Krippe trat, war es, als heilten die Wunden und Verletzungen, die ihr das Leben zugefügt haben musste. »Ich bin die Liebe«, sagte die Gestalt und strich dem Kind zärtlich über das Gesicht. »Es heißt, ich sei viel zu gut für diese Welt. Deshalb tritt man mich mit Füßen und macht mich fertig.« Während die Liebe so sprach, musste sie weinen und drei dicke Tränen tropften auf das Kind. »Wer liebt, hat viel zu leiden in dieser Welt. Nimm meine Tränen. Sie sind wie das Wasser, das den Stein schleift. Sie sind wie der Regen, der den verkrusteten Boden wieder fruchtbar macht und selbst die Wüste zum Blühen bringt.«

Dann knieten die Lebensfreude, die Zeit und die Liebe vor dem Kind des Himmels nieder. Das Kind aber schaute die drei an, als ob es sie verstanden hätte. Plötzlich drehte sich die Liebe um und sprach zu den Menschen, die dort standen: »Man wird dieses Kind zum Narren machen, man wird es um seine Lebenszeit bringen, und es wird viel leiden müssen, weil es bedingungslos lieben wird. Aber weil es Ernst macht mit der Freude und weil es seine Zeit und Liebe verschwendet, wird die Welt nie mehr so sein wie früher. Um dieses Kindes willen steht die Welt unter einem neuen, guten Stern, der alles überstrahlt.«

Danach standen die drei auf und verließen den Ort. Die Menschen aber, die all das miterlebt hatten, dachten noch lange über die Worte nach, die sie da gehört hatten.

Ulrich Peters: Drei merkwürdige Gäste und ein guter Stern

Königsanbetung des Meisters Gofridus. Kapitell der Peterskirche in Chauvigny. 12. Jahrhundert.

DAS KIND IM STERNENFELD

Das am Boden liegende nackte Kind im Strahlenbündel – hier scheint es zu schweben – ist in der europäischen Tafelmalerei des 15. Jahrhunderts ein Novum. Weder im Neuen Testament noch in den Apokryphen ist dergleichen erwähnt, wohl aber in den Visionen, die die Königstochter Birgitta von Schweden, Mystikerin und Ordensstifterin, 1372 in Betlehem hatte. Birgitta erzählt: »Ich war dort in Betlehem und sah eine sehr schöne schwangere Frau in weißem Mantel und feiner Tunika. Sie stand kurz vor dem Augenblick der Geburt. Sie löste den Mantel, streifte die Schuhe ab und legte alles neben sich hin. Dann brachte sie zwei Leintücher und zwei weitere Tücher aus sehr feiner Wolle hervor, um das Kind, das bald geboren werden sollte, darin einwickeln zu können. Und als alles vorbereitet war, kniete die Jungfrau nieder und begann zu beten. Die Hände gefaltet und die Augen zum Himmel gerichtet, wurde sie in mystischer Verzückung erhoben. Während sie so betete, sah sie ihn, der in ihrem Schoß geborgen gewesen war – in einem Augenblick hatte sie ihren Sohn zur Welt gebracht. Ein unsagbares Licht ging von ihm aus, so dass die Sonne damit nicht zu vergleichen war. Das Kind lag nackt und strahlend auf der Erde. Sein Leib war ganz rein, ohne die geringste Befleckung. Und die Jungfrau sprach: ›Sei mir willkommen, mein Gott, mein Herr, mein Sohn.‹

Das Kind aber wimmerte vor Kälte und wegen des harten Bodens, auf dem es lag. Zitternd streckte es die kleinen Arme und suchte Linderung und Hilfe bei seiner Mutter. Die nahm es sofort in ihre Arme, drückte es an ihre Brust und wärmte es. Sie setzte sich auf den Boden, legte den Sohn in ihren Schoß und wickelte ihn sorgfältig ein, zuerst in die leinenen, dann in die wollenen Tücher. Danach band sie Arme und Beine mit Schleifen zusammen ...«

Was die Tafelmaler des späten Mittelalters offensichtlich zutiefst anrührte, war die hilflose Nacktheit des Kindes am Boden.

In unserem Bildausschnitt wendet sich ein grüngewandeter, blondgelockter Engel dem frierenden Kind liebevoll zu. Mit seinem roten Flügel gewährt er ihm Schutz. Über der Szene haben wir uns die anbetende Mutter in ihrer weißen Tunika vorzustellen. Die großen Strahlen aber, die in das Sternfeld des Kindes einfallen, kommen aus allerhöchsten Höhen – von Gott selbst.

Meister Francke (1380–1430), »Geburt Christi«. Vision der heiligen Birgitta.
Ausschnitt aus dem Englandfahrer-Altar. Kunsthalle Hamburg.

Im nackten Kind von Betlehem leuchtet das Licht Gottes auf.
In ihm ist der goldene Himmelsstern auf unsere Erde gelegt worden,
vor unsere Füße.
Friedemann Fichtl

Madonna mit dem Stern. Von Fra Angelico (um 1395–1455). Fresko und Tempera. Entstanden um 1450. Ausschnitt. Museo di San Marco, Florenz.

Der Stern auf dem Gewand der Maria ist ein Signal, ein Symbol. Er zeigt es an: Das Kind ist der Stern!

»Wir brauchen einen Stern wie Jesus«, sagt Wilhelm Willms, »der müsste über uns aufgehen. Ein Jesusstern über jedem Haus, das ist unser Traum, unsere Hoffnung.« Und an anderer Stelle betont er es noch einmal: »Dieser wunderbare Stern hieß nicht Kleiner Bär, nicht Großer Bär, nicht Kassiopeia, nicht Großer Wagen, nein, dieser Stern hieß Jesus von Nazaret.«

»Ich, Jesus, ich bin der Spross aus der Wurzel und dem Geschlecht Davids, ich bin der helle Morgenstern«, lesen wir in Offenbarung 22,16.

Und im 2. Brief des Petrus werden die Christen ermahnt: »Ihr tut wohl, dass ihr darauf achtet als auf ein Licht, das da scheint an einem dunklen Ort, bis der Tag anbreche und der Morgenstern aufgehe in eurem Herzen.«

Und im 15. und 16. Jahrhundert wurde begeistert gesungen:

> Der Morgenstern ist aufgedrungen.
> Er leucht' daher zu dieser Stunden
> hoch über Berg und tiefe Tal.
> Vor Freud singt uns der lieben Engel Schar.

> O heiliger Morgenstern, wir preisen
> dich heute hoch mit frohen Weisen.
> Du leuchtest vielen nah und fern.
> So leucht' auch uns, Herr Christ, du Morgenstern.
> *Strophe 1, 15. Jahrhundert; Strophe 2 bei Daniel Rumpius 1587*

Die großartige Madonna des Florentiner Dominikanermalers Fra Angelico trägt ein weltenherrscherliches Christuskind mit Kreuznimbus, Weltkugel und segnend erhobener rechter Hand auf dem Schoß. Das überaus lebendige Gesicht des Kindes, ganz auf den Betrachter ausgerichtet, vermag in Korrespondenz zu dem Stern auf Marias Gewand die Botschaft von Christus als dem leuchtenden Morgenstern nachhaltig zu vermitteln.

Ein Stern strahlte auf am Himmel, heller als alle Sterne. Und sein Licht war unbeschreiblich. Und seine Neuheit rief Staunen hervor. Alle übrigen Sterne aber führten einen Reigen vor diesem Sterne auf. Und sein Licht überstrahlte sie alle.«

So wie der frühchristliche Bischof Ignatius von Antiochien in seinem Brief an die Epheser um 110 n.Chr. den Magierstern beschrieb, so malte Giotto di Bondone in der Arenakapelle von Padua einen gänzlich neuen Großstern, so wie man ihn bis dahin noch nie gesehen hatte. Im Deckengewölbe erscheint dieser Wunderstern unter der Vielheit der übrigen Sterne, und er enthält das Bild der Maria mit dem Kind Christus.

Das ist einmalig. Das gibt es sonst in der christlichen Bilderwelt nicht. Das wird auch von keinem Text bezeugt. Und so müssen wir daran denken, dass es hier ganz die Intuition des Künstlers war, die ein solches Bild entstehen ließ. Vermutlich hat Giotto die frühchristlichen Bilder in Ravenna gesehen, das Kreuz in den Sternen, das Lamm in den Sternen (San Vitale, Mausoleum der Galla Placidia) und den Pantokrator, den Auferstandenen und Weltenherrscher in der Sternenglorie (San Apollinare in Classe). Vielleicht ist von dort ein Impuls ausgegangen. Indes Maria mit dem Kind erhöht zu den Sternen – dies scheint Giottos ureigene Erfindung zu sein.

Wir sehen im Doppelrahmen eine menschliche Frau, ernst und gütig, eine Maria, die mit großen Händen das Gotteskind in ihrem Schoß schützend umfängt. Das Rundbild ist wie ein Vollmond. Unzählige Mondsichelmadonnen zeigen die Verbindung von Maria mit dem Mond. Mond und Sterne aber sind Teil der Schöpfung, wie sich in Genesis 1,16 nachlesen lässt. Schöpfungsglaube dürfte auch Giotto erfüllt haben. Und so stellt er denn seine vergöttlichte Maria in einen Stern-/Mond-Schöpfungshorizont, in dem sie mit dem Kind zusammen zu einer weltumspannenden Gestirnsherrlichkeit verschmilzt. Höher hinauf geht es kaum. Atemlos macht das, zugleich rührt es an. Schon im Magierstern wurde das Kind allein sichtbar. Jetzt aber ist die Mutter im Rundgestirn unter den Sternen dabei. Das ruft Staunen hervor. Das ist eine wirkliche Neuheit. Das ist schon ein außergewöhnlicher Weihnachtsstern.

Maria mit dem Kind in der Sternenwelt, Giotto di Bondone (1266–1337).
Malerei (1305–1309) im Deckengewölbe der Capella degli Scrovegni all Arena in Padua.

Du Kind der Maria,
unermesslich hoch im Himmel, gering in den Windeln,
du bist hochgeschätzt in der Sternenwelt.
Frühchristlicher Weihnachtstext

Mailänder Madonna. 1270–1290. Marienkapelle im Hohen Dom, Köln.

STERNEN-MADONNA

Von der Madonna in den Sternen zur Sternen-Madonna! Rainald von Dassel, Kanzler Kaiser Friedrich Barbarossas, brachte 1164 aus Mailand mit den Reliquien der Heiligen Drei Könige auch eine Madonnenfigur nach Köln, die jedoch schon im 13. Jahrhundert verloren ging. Der Name Mailänder Madonna wurde dann auf die um 1270–1290 als eines der Hauptwerke der Kölner Dombauhütte geschaffene reichbemalte Marienfigur aus Nussbaumholz übertragen. Die Figur steht heute auf einer Konsole in der Marienkapelle (südliches Chor-Seitenschiff) des Kölner Doms nahe dem berühmten Altar der Stadtpatrone von Stefan Lochner.

Wir sehen eine hohe stolze Maria, künstlerisch in naher Verwandtschaft zu den meisterhaften Chorpfeilerfiguren im Dom aus derselben Entstehungszeit. Mit der Rechten hält die königliche Gottesmutter graziös das zartgebildete Zepter. Kronen und Zepter wurden der Figur erst 1855 hinzugefügt. Ursprünglich hielt Maria wohl eine Lilie. Mit der Linken hebt die hohe Frau ihr Kind so hoch empor, dass Mutter und Kind sich direkt in die Augen schauen können. Das Kind hält mit der Linken die Weltkugel. Mit der Rechten scheint es die Mutter zu segnen. Drei Finger nach außen (Trinität!), zwei Finger nach innen (zwei Naturen Christi!) bedeuten jedenfalls von alters her den Segensgestus. Marias Gesicht, umrahmt von fülligem Haar, ist von herber Lieblichkeit, spiegelt die neue gotische Art der Empfindung. Eine Edelsteinborte, auch am Hals sichtbar, säumt das Untergewand. Der Stoff des Obergewandes zeigt Stern-Blumen.

Der eigentliche und gewiss ursprüngliche Hauptschmuck der göttlichen Frau ist der Kranz mit den zwölf goldenen Sternen hinter ihrem Haupt. Deren Herkunft ist biblischer Natur. In der Offenbarung des Johannes lesen wir: »Man sah am Himmel ein gewaltiges Zeichen, eine schwangere Frau, mit der Sonne bekleidet, den Mond unter ihren Füßen und auf ihrem Haupt einen Kranz von zwölf Sternen. Und diese Frau brachte einen Sohn zur Welt, der alle Völker regieren sollte« (Offenbarung 12,1–2.5). Schon im 2. Jahrhundert wurde diese Textstelle auf Maria bezogen. Im Mittelalter wurde dann die Darstellung Mariens mit den Attributen der apokalyptischen Frau zur geläufigen Bildformel.

Der Stern über dem Hirtenfeld

Wovon die Bibel nichts weiß, Dichter und Bildkünstler erzählen davon: Der Stern wurde auch von den Hirten wahrgenommen. Das Foto zeigt eine nächtliche Lichterscheinung über den Hirtenfeldern von Betlehem, die wir symbolisch wohl als »Stern« ansprechen können: »Sie sahen den Stern in der dunklen Nacht. Der Stern war ihnen zum Zeichen gemacht«.

Mögt ihr auch in die allerfernste Ferne,
die flimmernde des Weltenraumes spähn,
ihr könnt nur Sterne, immer neue Sterne,
doch nirgends könnt ihr meinesgleichen sehn.

Ich komme aus der andern Welt und Zeit,
zu folgen Gottes deutender Gebärde,
und ziehe über Betlehems Gebreit
und über all die Traurigkeit der Erde.

Denkt nicht, ich wäre schon, ich selbst, das Licht.
Das Licht ist unbegreiflich eins und keins.
Ich bin, der sich im Erdendämmer bricht,
der Schein nur, nur der Widerschein des Scheins,

ein Zeichen nur in dieser Nacht und Stille.
Vielleicht, dass einer, der mich sieht, sich bang
erhebt und aufbricht und aus seiner Fülle
ins Ungewisse geht sein Leben lang ...
Manfred Hausmann

Ei, so kommt und lasst uns laufen,
stellt euch ein, groß und klein,
eilt mit großen Haufen!
Liebt den, der vor Liebe brennet.
Schaut den Stern, der euch gern
Licht und Labsal gönnet.
Paul Gerhardt

Nächtliche Lichterscheinung über Betlehems Hirtenfeldern. Foto: National Geographic.

Hier wird der Stern einem alten, mit Fell bekleideten, gläubig aufschauenden Hirten gewiesen. Groß steht der Engel der Verkündigung über ihm, legt ihm die Rechte liebevoll auf die Schulter, während die Linke in ausdrucksvoller Bewegung auf den Stern hin ausgerichtet ist. Dieser sendet sein Strahlenbündel direkt auf den Kopf des gewickelten Krippenkindes mit Ochs und Esel. Drei Engel mit Blick und Gestik hin zum Stern assistieren dem flügellosen Großengel. Gleich wird der Hirte sich aufmachen, den Widder und die übrigen Schafe zurücklassend.

Und wenn der Hirt im Bild auch der Krippe ganz nahe ist, vorstellen mag man sich, dass er – wie in der nachfolgenden Erzählung – erst schwierige Wegverhältnisse, eine äußere und innere Finsternis überwinden muss, ehe sich ihm die Tür zum Kind in seiner Lichtherrlichkeit auftut. Es wird sein, wie ein Spiritual besingt:

> Es steht ein Stern im Osten wohl in der heilgen Nacht.
> Erheb dich, Hirt und folge. Wenn du genau gibst Acht,
> wenn du mit offenem Herzen vernimmst des Engels Wort,
> so wird der Stern dich führen bis an des Kindes Ort.

Auch Rudolf Alexander Schröder hatte ein solches Hirten-Stern-Geschehen vor Augen, als er schrieb:

> Es ist ein Stern, der funkelt sehr. Es sind wohl Boten kommen her,
> die singen allerwegen: Soll Ehre droben Gott allein
> und Friede bei den Menschen sein, die guten Willen hegen.

> Den Hirten auf dem Feld bei Nacht ward diese Botschaft zugebracht.
> Die waren bei den Schafen und standen auf und gingen all
> dem Sterne nach bis an den Stall, da sie das Kindlein trafen.

> Es steht ein Stern und funkelt sehr. Es sind wohl Boten kommen her,
> die singen laut mit Schallen: Soll Ehre droben Gott allein
> und Friede bei den Menschen sein und Heil den Herzen allen.

*Hirtenverkündigung und Geburt. Byzantinisches Elfenbein, Ende des 10. Jahrhunderts. Ausschnitt.
Biblioteca Apostolica Vaticana, Rom.*

O dass doch so ein lieber Stern
soll in der Krippen liegen.
Paul Gerhardt

Später kam auf, dass Engel dagewesen wären in derselben Nacht, als die Hirten bei ihren Herden lagen. Aber als er erwachte, wusste er nichts von Engeln. Es war da nur eine große Helligkeit, und sein Herz schlug laut und so schnell, dass er im Aufstehn taumelnd mit der Hand hinfasste. Aber das war schon wie nebenher und eine Bewegung, die zum Gestern gehörte. Gestern: als der Stern noch nicht war, von dem das Helle ausging, das ihn geweckt hatte.

Er wusste nichts von Engeln – hatte bis gestern mit den Lämmern gespielt, seine Kraft mit den kleinen starrköpfigen Böcken gemessen, denen eben die Hörner kamen. Aber die fremde Stimme im Innern – die er später Engeln zuschrieb, um sie nicht für immer in sich selbst tragen zu müssen – die Stimme hatte er gleich erkannt.

Sie sagte: Du sollst gehen! – Und er stolperte schon mit blinden Schritten, mit klopfendem Herzen in die Nacht. Und die Stimme sagte: Der Stern wird dich hinführen, und er wusste es, wie er nie etwas gewusst hatte, und vergaß alles, was er hinter sich zurückließ. Er sah nur den Stern seine Bahn ziehen, und es gab nur den Stern. Der Stern würde ihn hinführen, und er jubelte darüber vor Gewissheit.

Der Gedanke, dass die Alten ihn schelten würden, huschte ganz fremd und belächelnswert an ihm vorüber, als die Weidegründe lang schon hinter ihm lagen und vor ihm die Ebene unmerklich anstieg gegen die dunklen Berge zu.

Er schritt rasch aus, seinem Stern nach, der groß und leuchtend über den Himmel zog und von dem die Stimme gesagt hatte: Er wird dich hinführen. Er war gewiss, dass der Stern ihn führen würde. Er legte gläubig den Kopf in den Nacken und nahm den Stab fester, ohne zu wissen, aber sein Herz pochte immer noch laut. Ich darf dem Stern nach, dachte er, und lief mit langen Schritten auf die einsame Weite zu, die sich unter dem Stern aufs Gebirge zu breitete. Er lief ohne Angst. Nur von ungefähr wehte es ihn im Gehen plötzlich an: Wenn sie das wüssten! Und er fühlte durch sein Herzklopfen hindurch Stolz in sich wachsen, dass er allein aufgewacht war in dieser Nacht, dass das Licht des Sterns ihn geweckt hatte, dass er dem Stern folgte.

Als das Gebirge sich deutlich abzuzeichnen begann – der Stern hielt unbeirrbar darauf zu –, merkte der Hirt, dass sein Schatten länger geworden war. Er reckte sich ein wenig und spürte zum erstenmal, dass seine Beine schmerzten und dass der Weg steiler wurde, den das Licht ihm wies. Wenig später war der Stab zu schwach, ihm noch Stütze zu sein. Er warf ihn fort und zog das Schaffell enger um die Schultern. Vom Gebirge kam Kälte. Der Stern leuchtete groß in der Höhe.

Der Stern wird dich hinführen, hatte die Stimme gesagt, und er lauschte nach innen, wo die Verheißung nachhallte, und schaute hinauf. Unter dem Glanz wuchs die dunkle Masse der Berge drohend an. Er lächelte, als sein Herz wieder schneller zu klopfen begann: Ich habe den Stern.

Der Weg wurde von Schritt zu Schritt steiler und sein Gang mühsamer. Durch die dünnen Sandalen stach die Härte des steinig gewordenen Grundes. Ihm fiel ein, dass er nicht gerüstet war für die Länge des Weges, und er wurde ein wenig ärgerlich, weil die Stimme ihn nicht gewarnt hatte. Ich war doch ein Kind, dachte er und sah mit gerunzelter Stirn seinen wachsenden Schatten.

Dann begann der Aufstieg.

Er stieg keuchend und mit erhobenem Blick. Als mit einem Male Finsternis über ihm zusammenschlug und der Stern erlosch, da stürzte er wie geblendet von der eisigen Schwärze nieder. Er schrie auf, – er fühlte sein Herz aussetzen und wieder schlagen, er spürte die nackten Steine unter den Knien, die sich schmerzend eingruben, und seine Augen brannten sich in die Dunkelheit hinein, die ohne Stern blieb. Ohne Stern! Aber er trug das Bild des Sterns doch im Innern, und die Stimme hatte verheißen ...

Mit zitternden Knien richtete er sich auf, den Blick nach oben gewandt, und starrte, bis schattenhaft die Konturen der Felsen erkennbar wurden. Da zuckte in ihm auf: Hinter den Felsen! Der Stern ist hinter den Felsen, er muss ja da sein! – und er lachte vor Erleichterung, und das Lachen flatterte winzig in die Nacht und fiel von den Felsen zurück.

Er tastete sich zögernd weiter und hütete ängstlich die Zuversicht, dass der Stern nur verborgen sei. Mit der Zeit gewöhnten seine Augen sich an die Nacht. Er gewahrte den kahlen, unwirtlichen Steg zwischen den Felsen und erschrak vor den Abgründen, die sich unversehens vor ihm auftaten. Der Stern wird mich hinführen, setzte er trotzig seiner pochenden Angst entgegen. Und an jeder Biegung des Weges beflügelte ihn Hoffnung, ob nicht die Felsen zurücktreten und den Glanz am Himmel freigeben mochten. Es blieb Nacht.

Er wanderte lang. Er wurde müde vom Steigen, vom Kampf gegen den tückischen Weg, der ihn stürzen ließ, ihm Knie und Hände blutig schlug und kein Ende nahm. Es war kein Licht mehr, das ihm seinen Schatten gezeigt hätte, – aber er wusste, es war der Schatten eines Mannes geworden. Es war keine Stimme mehr, die ihm gesagt hätte: Du sollst gehen, – aber er wusste, etwas hatte ihn geweckt in einer längst vergangenen Nacht.

Da kam ihn Misstrauen an: Jene Nacht war freundlich gewesen, vertraut. Wer hatte ihn geheißen, sie einzutauschen gegen diese neue, fremde Nacht, die ihn verlassen und einsam machte? Und er begann die Stimme, die in ihm gewesen war, außerhalb zu suchen, schrieb sie zum erstenmal den Unbekannten zu, fremden, feindlichen Heerscharen. Seine Angst wuchs, während er sich wehrte, wuchs über ihn hinaus.

Aber vor ihm wichen plötzlich die Felsen nach rechts, und da rettete er sich wieder bebend in die Hoffnung, dass dort die Finsternis enden möge. Er hastete mit aller Kraft darauf zu.

Als er die Biegung erreichte, höhnte ihn Schwärze an, undurchdringlicher als je. Er stand wie erstarrt. Hilflos war er jetzt dem Ansturm der Gedanken ausgeliefert, und sie fielen wild und furchtbar über ihn her: Alles Lüge, dachte er, kein Stern, kein Wunder – nichts als Einbildung alles. Es gibt nichts als die Nacht, dachte er, dachte es immer wieder, ohne sich zu wehren. Ich war ein Kind, dachte er, lief einem eingebildeten Licht hinterher, sinnlos, dumm. Alles war umsonst, dumm, sinnlos. Was sollte ihm ein Himmel ohne Stern.

Als er zu lachen begann, da war es kein winziges, flatterndes Lachen mehr, sondern es klang laut und böse, und er bemühte sich, noch lauter und böser zu lachen, gegen die sternlose Schwärze an, die ihn verhöhnte. Er ballte die Fäuste, nahm seinen Stolz zu Hilfe: Ich brauch' keinen Stern, lachte er in den Abgrund, der dicht neben ihm gähnte. Achtlos und alles verachtend, was ihn schmerzend traf, setzte er den Weg fort. Euer Stern hat mich gut geführt, höhnte er die Felsen, an denen er sich stieß. Er forderte den Abgrund heraus, stürmte plötzlich mit Kräften wer weiß woher am äußersten Rand hin, hörte mit trotziger Genugtuung Steine unter seinen Füßen wegbrechen und dröhnend in die Tiefe gehen. Es war, als stürzten Trümmer des Sterns.

Als Hohn und Verachtung sich nicht mehr schüren ließen, kam Leere über den Hirten. Er schleppte seine Füße fühllos weiter. Nur weil er da war, weil der dunkle Weg da war, und weil er fort wollte – dahin, wohin nichts ihn führte und wo nichts auf ihn wartete.

Mehr und mehr gewöhnten seine Augen sich. Er wanderte langsam, die Steine schlugen seltener an seine Knie: Er hatte gelernt, sie zu umgehen, ohne den Weg zu verlieren. Seltener erinnerte er sich des verlorenen Sterns, und als der Weg sich von der Höhe wieder zu neigen begann, war die Finsternis ihm nicht mehr fremd und undurchschaubar. Sie schien ihm heller und gangbarer geworden zu sein.

Als der Abstieg begann, war er dankbar seiner schwer gewordenen Beine wegen. Er vergaß vieles. Aber mit den Augen tastete er Stück um Stück den Weg voraus, und er wünschte nichts, als diesen Weg zu Ende zu gehen.

Er kam der Ebene rasch näher. Er sah sie auftauchen wie eine Insel, wie aus der Nacht geschnitten lag sie da. Und sie lag im Licht.

Er fragte sich noch, woher das Dunkel plötzlich so viel Helle nahm, und wandte sich wie von ungefähr zurück, dem überwundenen Gebirge zu. Da sah er seinen Schatten groß und gebeugt auf dem Weg. Und ehe er die Antwort wusste, hörte er im Innern die Stimme wieder. Sie sprach klar und ruhig: Der Stern wird dich führen.

Ganz langsam wandte er den Kopf dem Ziele zu, und er musste die Hand über die Augen heben.

Groß leuchtete der Stern überm Tal. Und als der Hirte lächelnd hinabspähte, traf das Licht die offene Tür des Stalles.

Ingeborg Santor, 1967

Ein Stern, ein Mensch, ein Weg, ein Licht
ganz hell in unser Dunkel bricht.
Wilhelm Willms

Und wieder der Stern, hier durchs aufgebrochene Dach des Stalls ein senkrechtes Strahlenbündel entsendend. Zwei querlaufende Strahlen geben dem Lichtfeuer die Form eines griechischen T-Kreuzes. Die Strahlen hinter dem Kopf des Kindes, bilden ein lateinisches Kreuz. Zwei Lichtfiguren – zwei Kreuze: Die bevorstehende Passion Jesu ist behutsam angedeutet.

Jean Fouquet aus dem Umkreis flämisch-burgundischer Buchmalerei, seit 1475 Hofmaler des französischen Königs, zeigt uns in seiner Miniatur eine ganze Schar von Hirten, die in winterwarmer Kleidung mit ihren Stäben vom Feld der Verkündigung herbeigeeilt sind. Einer von ihnen bläst den Dudelsack. Ein anderer schaut, seine Augen mit der Hand bedeckend, zum Stern auf. Die vorderen beiden knien anbetend. Auch der große Hirtenhund rechts unten heftet seinen Blick gleich Ochs und Esel wie anbetend auf das Kind. Engel, im Hintergrund aufgereiht, beten ebenfalls an. Auch Josef breitet versunken die Hände. Und Maria legt demütig, innig, hingegeben ihre Hände zusammen. Alle Kreatur betet an. Eine große Stille liegt über der Szene.

Das Kind aber liegt nackt am Boden – auf einem großen faltenreichen Tuch, dessen Blau dem im Gewand der Maria gleicht. Nackt am Boden – das erinnert an die Betlehem-Vision 1372 der Birgitta von Schweden, die so viele Maler der Zeit in ihren Weihnachtsbildern inspirierte.

Auffällig der zu Füßen des Kindes aufwachsende vordere Pfosten des Stalles. Es ist ein lebender Baum, ein Lebensbaum! Mit dem Strahlenbündel des Sterns zusammen bildet er einen axis mundi, eine Weltenachse. Ebenso eigentümlich der große aufragende Fels im Hintergrund. Es ist ein Gottesberg. Er erinnert an Psalm 31,3: »Sei mir ein starker Fels!« Die lateinische Goldschrift im roten Rahmen unten aber meint Psalm 70,2: »Gott, rette mich! Hilf mir bald!« Das mögen die Hirten sagen. Das mögen alle sagen, die dieses in Form und Farbe meisterlich ausgeführte, symbolträchtige Buchbild aufmerksam betrachten.

Nun werde hell, du dunkle Welt. Der Stern steht überm Hirtenfeld.
Der Morgen aller Morgen tagt. Die frohe Botschaft ist gesagt.
Rudolf Otto Wiemer

Jean Fouquet (1420–1480), »Anbetung der Hirten«.
Miniatur aus dem Stundenbuch des Etienne Chevalier (um 1460). Musée Condé de Chantilly.

Die Flucht nach Ägypten, von Matthäus erzählt, ereignete sich, so der Maler Adam Elsheimer, einer der großen Meister des Frühbarock, der mit Öl auf kleine Kupferplatten malte, unter Sternen. Ein biblisches Motiv wird mit einer Landschaft verbunden, die ihre ganz eigene Dimension hat und dennoch im Zusammenspiel mit der biblischen Aussage zu sehen ist.

Es ist Nacht. Ein weit gespannter bestirnter Himmel mit einem Lichtstreif der Milchstraße und einer großen Mondscheibe, die sich in einem See spiegelt, überfängt die Fluchtszene, die nur einen kleinen Bildteil einnimmt, aber dennoch zentral ist, da sie vor der dunklen Baumkulisse von dem brennenden Kienspan Josefs ihr eigenes bedeutsames Licht empfängt. Dieses Licht lässt Fluchtgepäck, Kleider und Gesichter der Fliehenden aufleuchten, zeigt, dass es hier bei allem Angstgeschehen einer Flucht dennoch Intimität, Geborgenheit und die Gewissheit über den zu beschreitenden Weg gibt.

Das Bild, vermutlich das letzte, das der frühverstorbene Adam Elsheimer, Freund und Anreger des jungen Peter Paul Rubens, malte, gilt als sein Hauptwerk. Es begründete seinen Ruhm, hat eine Stimmungsqualität, die ganz unmittelbar gefangen nimmt. Da ist räumliche Tiefe, Naturfülle, poetische Einheit der Landschaft. Da ist, auf einen lyrischen Ton gestimmt, geheimnisvolle Verinnerlichung. Zwischen dem Mond und seinem Gegenbild im Wasser ist eine hohe Spannung aufgebaut. Die Natur schließt sich in diesem Bild mit dem Menschen zu einer Einheit zusammen. Licht und Stimmung sympathisieren mit der dargestellten Handlung.

Der Sternenhimmel aber stellt alles in einen großen kosmischen Zusammenhang. Er gewährt Zugang zu einer imaginären Welt. Einer der Sterne – und das dürfte kein Zufall sein – leuchtet durch eine Lücke in der sonst dicht geschlossenen Baumgruppe direkt über der Heiligen Familie. Wir gehen nicht irre, wenn wir darin den Weihnachtsstern erkennen.

Immer werden wir's erzählen, wie das Wunder einst geschehen
und wie wir den Stern gesehen mitten in der dunklen Nacht.
Hermann Claudius

Adam Elsheimer (1578–1610), »Die Flucht nach Ägypten«. 1609. Ausschnitt. Alte Pinakothek, München.

Ein geheimnisvolles Bild. Wir sehen Christus, in sich versunken, den Blick nach innen gewendet, halb vor einem abschüssigen baumbestandenen Weidehang mit Zaun, halb vor dem über und über mit Sternen und einigen Sternschnuppen besäten Himmel.

Es ist die Nacht von Getsemani, die Nacht der Gefangennahme Jesu. Es ist die Gefangennahme, so wie sie der Evangelist Johannes schildert. Das Bild ist ein Ausschnitt. Im Gesamtbild steht dieser Jesus Christus vor einem in sich verquirlten Haufen niedergefallener Menschen. Bewaffnete Tempelsoldaten mit Fackeln und Lampen wollen ihn, angeführt von Judas, festnehmen, so Johannes im Kapitel 18, V. 4–6, da tritt ihnen Jesus so vollmächtig entgegen, dass sie alle zu Boden stürzen. Wissend-ergeben, ganz still, sein dunkles Gewand mit der Linken raffend, schaut Jesus auf diesen Menschenhaufen hernieder. Alles scheint in Dunkel gehüllt. Aber hinter seinem Haupt leuchtet dieser machtvolle Nimbus, eindeutig das Zentrum des Bildes, in strahlender Herrlichkeit auf. Drei Strahlenbündel gehen von ihm aus. Und in jedem dieser Bündel sind die zentralen Strahlen mit Querstrichen versehen, so dass sie Kreuze bilden. Das Kreuz steht Jesus, dem Menschen unter Menschen, bevor. Aber viel stärker ist das Licht jenseits des Kreuzes, die strahlende Stern-Sonne von Ostern.

Das wird hier im Bild gezeigt: Auch Jesu Passion steht schon unter dem großen Sonnen- und Sternenlicht von Ostern. Und dies Licht vermag die Abermilliarden Sterne des Kosmos zu überstrahlen. Paul von Limburg hat es in einer Szene, die auch innerhalb der Bilder des Passionszyklus im Stundenbuch des Duc de Berry von einmalig sprechender Kraft ist, in den Sternen-Nimbus hineingemalt: Von ihm geht ein Leuchten aus für alle, die in der Finsternis sind.

Steh auf! Nimm Licht in dich auf! Ich komme. Ich bin dein Licht.
Meine Herrlichkeit leuchtet auf über dir.
Siehe: Finsternis ist über der Erde. Die Völker tappen im Dunkeln.
Aber über dir strahlt mein Licht auf. Der Glanz meiner Gegenwart leuchtet dir.
Jesaja 60,1–3

*Gebrüder Limburg (1385/90–1416), Christus der Passion. Aus dem Stundenbuch
»Très Riches Heures« des Duc de Berry, Buchmalerei 1414–1416. Chantilly, Musée Condé.*

DER HERRNHUTER WEIHNACHTSSTERN

E inmal im Jahr taucht aus der Tiefe der Weltnacht ein anderer Stern ...«
In vielen Kirchenräumen und Wohnzimmern leuchten sie Weihnacht für
Weihnacht auf, die vielzackigen Adventssterne aus dem sächsischen Herrnhut
(Oberlausitz).

Schüler sollten im Mathematikunterricht einen 24-flächigen Körper konstru-
ieren. Daraus entstand der Herrnhuter Stern, der seit bald hundert Jahren in
alle Welt verkauft wird. Hergestellt wird er in der »Sternelei«, einer kleinen
Fabrik im Besitz der von Nikolaus Graf von Zinzendorf im 18. Jahrhundert
begründeten »Herrnhuter Brüdergemeinde«. Diese evangelische Freikirche
pflegt ein enthusiastisches Christentum und ist weltweit missionarisch aktiv.

Ein Stern strahlt in die Weite in dunkler Nacht,
der hat in unser Leben ein Licht gebracht.
Der leuchtet uns entgegen durch diese Zeit
auf allen unsern Wegen zur Ewigkeit.
Ein Kind ward uns gegeben in diese Welt,
das hat in unser Leben ein Licht gestellt.

Unter dem Stern. Weihnachtsgottesdienst im Festsaal der Herrnhuter Brüdergemeine.

Die Nacht ist vorgedrungen, der Tag ist nicht mehr fern.
So sei nun Lob gesungen dem hellen Morgenstern!
Jochen Klepper

Alle Sternformen in den gotischen Kathedralen symbolisieren den Stern von Betlehem. Das Chorgewölbe im Hohen Dom von Köln, der »architektonisch glanzvollste Teil des Innenraumes« (Arnold Wolff), zeigt eine große Zahl von plastisch hervortretenden goldüberzogenen Sternen. Dieser »bestirnte Himmel« spannt sich seit 1322 über den Dreikönigsschrein im Chor, den 1225 vollendeten größten und berühmtesten Reliquiensarkophag des Abendlandes. So liegen die Reliquien der drei Könige gewissermaßen unter den Sternen, denen die Magier aus dem Osten einst folgten. Vor Errichtung des gotischen Chors stand der Schrein in der Vierung des Alten Doms. Der Neubau behielt den Ort der Vierung bei. Darüber erhebt sich seit 1860 ein dritter Domturm, der, einer alten Tradition folgend, an seiner Spitze den Betlehemstern trägt.

Im Spätmittelalter wurden Kirchenbauten mit hoher Virtuosität gewölbt. Im spanischen Burgos findet sich in der »Grabkapelle des Constable« bei der Kathedrale eine 1486–1494 entstandene kunstvolle Wölbung, die mit ihren höchst präzise gezogenen Rippen einen doppelten Stern bildet, wobei der innere Stern um den hängenden Schlussstein ein filigran durchbrochenes Maßwerk zeigt. Auch über den Toten, so mag man sagen, schwebt hier als künstlerisch vollkommenes Werk der Gewölbebautechnik der zu Stein gewordene achtzackige Stern der Weihnacht.

Noch einmal eine Anbetung der Könige, hier mit einer Stadt im Hintergrund, die sich am Ufer eines Flusses erstreckt. Über der Stadt der sechszackige Weihnachtsstern mit Strahlen nach unten und einem riesigen Lichtvorhof, der einen kreisförmigen Widerschein in der Stadtmitte hat. Sonst liegt dies »Betlehem in Flandern« teilweise, der Fluss aber ganz in der Lichtflut des Sterns. Menschen laufen herbei. Andere stehen und breiten staunend die Arme. Im Vordergrund unter dem mächtigen brüchigen Stallgebäude die Anbetungsszene. Zwei reich gekleidete Könige – Krone und Zepter des einen am Boden – knien mit ihren Gaben vor dem Kind, das, nackt auf dem Schoß der bäuerlich-kräftigen Mutter, ihnen die Arme entgegenstreckt. Maria im tiefblauen Oberkleid ist wie Josef hinter ihr durch einen roten Teller-Nimbus ausgezeichnet. Rechts, aufrecht in langem weißen Gewand, ein kleines Goldschiff als Gabe in der Hand, der dritte König, pechschwarz wie die beiden ihn geleitenden Diener. Zwei Männer mit Turban – in der Gruppe links weitere Turbanträger – schauen ihn aufmerksam an. Eine internationale Gesellschaft, auch Bewaffnete darunter, die sich hier teilweise neugierig, weithin aber in tiefer Hingabe um die Heilige Familie versammelt hat.

Der Stallvorbau rechts scheint wegzubrechen. Nur der Pfosten vorne, wie im Bild von Jean Fouquet S. 71 ein verwurzelter Baum, gibt mit dem Querbalken in der Astgabel einen letzten Halt. Auf dem zerfleddernden Dach Vögel, Hühner, ein Hahn, Knochenreste, ein alter Schuh. Letzte Armseligkeit gegen die prachtvolle Versammlung unten, das wollte Jan Bruegel offensichtlich betonen. Dieser Maler, Sohn von Pieter Bruegel, Freund von Peter Paul Rubens, hat ein bewegtes Bild voller lebendiger Details geschaffen, ein Bild mit kräftig kolorierten Figuren und einer zart gestuften Farbigkeit im Hintergrund. Transzendenz aber erhält dies alles durch die Lichtherrlichkeit des Sterns, der von einer anderen Welt ist.

Wir harren, Christ, in dunkler Zeit.
Gib deinen Stern uns zum Geleit.
Rudolf Alexander Schröder

Jan Bruegel d.Ä. (1568–1625), »Anbetung der Könige unter dem Stern«. The National Gallery, London.

Keine Szene aus der Kindheit Jesu hat dem Volksglauben reicheren Stoff geboten als die Anbetung der Weisen. Die apokryphen Evangelien fügen der neutestamentlichen Erzählung einiges hinzu. Aber erst das frühe Mittelalter erfindet die Namen der Könige, den Verlauf ihrer Rückreise (per Schiff von Tarsos), ihre Taufe durch den Apostel Thomas (auf dessen Reise nach Indien) und ihr Sterben als gute Christen. Im 13./14. Jahrhundert tauchen sie in Glasmalereien, Skulpturen und Buchillustrationen als Vertreter dreier Lebensalter auf: Melchior als weißhaariger Greis überbringt Gold, Sinnbild für das Königtum Christi. Caspar, bartlos, von frischer Gesichtsfarbe, repräsentiert die Jugend. Er ehrt das Kind mit dem Weihrauch, Symbol für die Göttlichkeit. Balthasar, von mittlerem Alter, auffallend durch seine dunkle Gesichtsfarbe, zeigt mit seiner Myrrhen-Gabe an, dass der Menschensohn dem Tod geweiht ist. Im 15. Jahrhundert machen die Künstler dann aus der Beschreibung »fuscus« (dunkel) den schwarzen König. Dahinter steht die neue Sicht von den Königen als Vertretern der drei damals bekannten Erdteile: Europa, Asien und (Schwarz-)Afrika. Alle Welt ehrt den neugeborenen Gottessohn.

Die Reliquien der Weisen kamen aus dem Osten früh nach Mailand. Der deutsche Reichskanzler und Erzbischof von Köln, Rainald von Dassel, entwendete sie dort 1146 und brachte sie – eine kirchen- und reichspolitische Tat von hoher Relevanz – in den Dom nach Köln, wo sie bis in die Gegenwart alljährlich am Dreikönigsfest (6. Januar) vom katholischen Kirchenvolk der Dreikönigsstadt in festlichem Hochamt verehrt werden.

Bis heute – in letzter Zeit wieder zunehmend – hat sich um Epiphanias der Sternsingerbrauch gehalten. Wenn von singenden und sammelnden, als Könige verkleideten Kindern die Buchstaben C + M + B (Caspar + Melchior + Balthasar, aber auch Christus Mansionem Benedicat = »Christus segne dieses Haus«) mit Kreide an die Haustüren gemalt werden, so ist dies uralte, bis auf das 11. Jahrhundert zurückgehende Praxis.

Früher waren die Sternsinger Erwachsene. Im Nürnberger Kupferstich von 1803 wird eine Stammtischrunde aufgefordert, dem Stern zu folgen, sprich zu spenden. Lauthals singen die drei Könige hinter ihrem aufgerichteten Stern.

Nürnberger Sternsinger. Kupferstich von 1803. Germanisches Nationalmuseum Nürnberg.

Hört, was wir euch singen: die Geburt des Herrn!
Seht, was wir euch bringen: aller Sterne Stern!
Was er einst verkündet hoch am Himmelszelt,
dass sich Gott verbündet mit der armen Welt,
kündet er auch heute. Was geschah, geschieht.
Folgt dem Stern, ihr Leute, der zur Krippe zieht.
Manfred Hausmann

Sternenkinder im Weihnachtsspiel
der Evangelischen Thomaskirche Bonn-Röttgen

Weil wir neues Leben suchen, darum folgen wir dem Stern,
sammeln Gaben, singen Lieder für die Menschen, für den Herrn.
Diethard Zils

Die Sternsinger haben Einzug gehalten in die christlichen Weihnachtsspiele. Den Kindern ist der Stern besonders nahe.

Wenn sie nach Weihnachten als Dreikönige unterwegs sind und Gaben für die hungernden Kinder in der Welt sammeln, singen die Sternsinger auch: »Von einem Tag zum andern, ein Stern beginnt zu wandern. Wir ziehen mit, wir ziehen mit. Der Stern ist uns ein Zeichen, von dem wir nicht mehr weichen. Wir folgen ihm, wir folgen ihm. Wir setzen neue Zeichen, indem wir Hände reichen. Wir kehren um, wir kehren um« (W. Schmölders/W. Willms).

Und schon Erasmus Albers singt um 1566 den Kindern zu:

Steht auf, ihr lieben Kinderlein,
der Morgenstern mit hellem Schein
lässt sich frei sehen als ein Held
und leuchtet durch die ganze Welt.

Ihr Kinder sollt bei diesem Stern
erkennen Christus, unsern Herrn,
Marias Sohn, den treuen Hort,
der uns leuchtet mit seinem Wort.

Und die Kinder antworten:
Sei uns willkommen, schöner Stern,
du bringst uns Christus, unsern Herrn,
der unser lieber Heiland ist,
darum du hoch zu loben bist.

Sei uns willkommen, lieber Tag,
vor dem die Nacht nicht bleiben mag.
Leucht uns in unsre Herzen fein
mit deinem himmelischen Schein.

Dass Christus mit dem Morgenstern gleichgesetzt wird, beruht auf Offenbarung 22,16: »Ich bin der Nachkomme aus dem Geschlecht Davids. Ich bin der helle Morgenstern.«

Der Begriff der Sphärenharmonie ist so alt wie das Bewusstsein der Menschen« (Alfons Rosenberg). Im Altertum sprachen Pythagoras (570–480), nach ihm vor allem Ptolemäus (um 100–160) von der himmlischen Musik der Planetensphären. Sie fanden eine enge wechselseitige Beziehung zwischen Zahlen und Tönen in den Intervallen und Schwingungen zwischen Erde, Mond, Sonne, Planeten und den Fixsternen. Im 13. Jahrhundert fragte man erneut nach einer Hörbarkeit der Sphärenmusik. Gott wurde jetzt als der »archimusicus« gedacht, der auf der siebensaitigen Leier der Sternenkreise spielt. Im Kontext war immer die Idee vom Gesang der Engelschöre. Dante (1265–1321) schrieb, der Gesang der Engel sei nur Nachklang vom Lied der ewigen Sphären.

In der Barockzeit zeigte Johannes Kepler (1571–1630) in seinem Hauptwerk »Harmonice mundi«, dass zwischen den Geschwindigkeiten der Planeten untereinander eine große Anzahl musikalischer Harmonien bestehe. Für Kepler waren die harmonischen Proportionen zugleich seelische Wirklichkeiten: »Da oben sind Kräfte und Gestalten an den Himmel geschrieben, die in deiner eigenen Seele tönen.« Kepler hat die von ihm gehörte Sternen-Musik in Noten aufgezeichnet und damit für andere hörbar gemacht. Er sagte: »Wer einmal aus dem Kelch des Pythagoras einen reichen Trunk getan, der ist entzückt von den wunderlieblichen Harmonien des Planetenreigens.« Als Neubegründer einer kosmologischen Philosophie der Musik hat Kepler hundert Jahre vor J. S. Bach aus dem Geist der Mathematik das große Zeitalter der europäischen Musik eingeleitet.

Das Bild aus der Karolingerzeit – ein Kreisdiagramm mit den Umlaufbahnen der damals bekannten sieben Planeten – zeigt Tonintervalle zwischen den Sphären von Erde (Terra), Mond (Luna, als Figur), Merkur, Venus, Sonne (Sol, als Figur), Mars, Jovis (Jupiter), Saturn und Signifer (= Fixsternhimmel). Ganzton- (Tonus) wechseln mit Halbtonintervallen (Semitonus). Venus und Sonne stehen im Abstand von drei Halbtönen. Vom Saturn zum Fixsternhimmel erstreckt sich ein Intervall von drei Ganztönen. Von der Erde zur Sonne spannt sich eine Quinte, vom Mond zur Sonne eine Quarte. Mit weiteren Quinten zwischen Mond und Planeten entfaltet sich eine ganze himmlische Sinfonie.

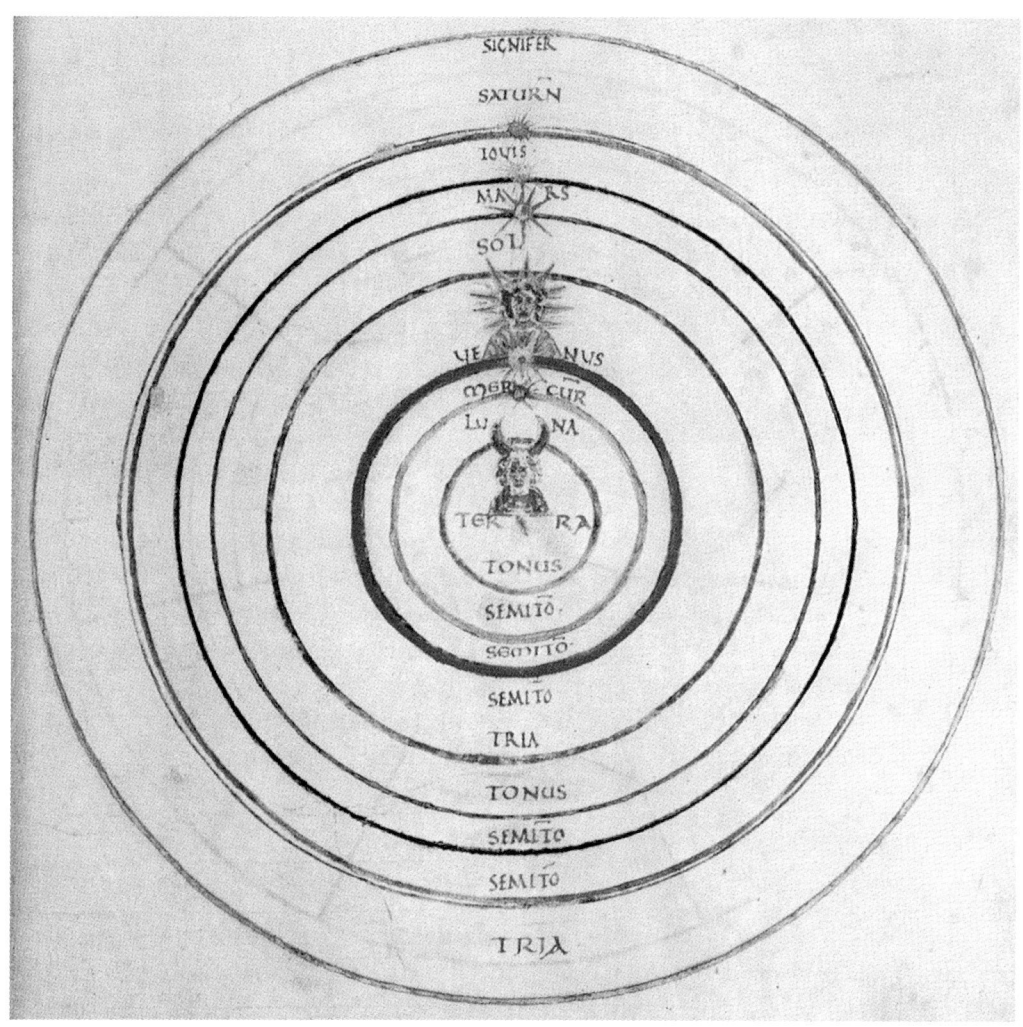

Die Sphärenharmonie. Kosmosbild aus einer astronomischen Handschrift. Salzburg, um 820.
Österreichische Nationalbibliothek, Wien.

Wir sind die Sterne, die singen. Wir singen mit unserem Licht.
Wir fliegen über den Himmel. Unser Licht ist eine Stimme.
Indianisch

Eine sehr seltene Szene bietet sich dar. Der Engel – man mag auf den ersten Blick an eine Verkündigung denken – kniet demütig, hält die Augen gesenkt und überreicht Maria auf einem Goldstab einen vielstrahligen Goldstern. Maria, aufrecht stehend, den Kopf leicht geneigt, die Augen ebenfalls niedergeschlagen, nimmt den Stab mit behutsamer Hand. Sie weiß: Es ist mein Todesstern. Der Engel sagt mir den Tod an. Marias Antlitz, von ebenmäßig durchgeistigter, fast jenseitiger Schönheit, strahlt vollkommene Ruhe aus. Tief sinnend nimmt sie die Botschaft an. Ein sehr intimes Bild. Ein Meisterwerk des Fra Filippo Lippi.

Du Stern der letzten Tage, der überm Abgrund steht,
verwandle unsre Klage in flehendes Gebet.

O bittrer Stern, entzünde in uns die heilige Glut,
dass sich das Herz verkünde mit todbereitem Mut,
dass von der dunklen Pforte uns Licht berührt vom Licht
und aus dem letzten Worte die ewige Wahrheit spricht.

Des andern Reiches Bote, du sollst willkommen sein.
Schon grüßen teure Tote mit deinem milden Schein.
Es blitzt wie Ewigkeiten von deinem Saume her:
Der Erde künftige Zeiten sind unsre Zeit nicht mehr.

Dies sind des Lebens Schranken, da uns dein Licht betaut
und himmlische Gedanken im Herzen auferbaut.

Sehnsüchtigen Grauns begegnen die Völker ihrem Herrn.
Er wird den Tod uns segnen durch dich, geliebter Stern.
Reinhold Schneider

Der Stern als Todessymbol. Ausschnitt aus der Predella des Barberini-Altars von Fra Filippo Lippi (um 1406–1469). Uffizien, Florenz.

Verwandelt euch. Blickt aus der Todesnacht
zum Sterne, der die künftge Erde wiegt.
Reinhold Schneider

Ein chilenisches Kind an Jesus – Weihnachten:
Es muss ein anderer Stern gewesen sein, als du geboren wurdest, Jesus, ein anderer als ich ihn manchmal nachts durch eine Ritze sehen kann, wenn mich der Hunger weckt. Nicht nur, weil's bei uns heiß ist, und sie sagen, es war kalter Winter.

Es muss ein anderer Stern gewesen sein, als Könige kamen und dir Geschenke brachten. Ich weiß nicht, was Könige sind. Wenn sie glänzende Uniformen tragen, dann habe ich Angst vor ihnen, denn sie haben meinen Vater geholt, und die Mutter weint seitdem jede Nacht, weil sie nichts von ihm weiß und er kein Geld mehr bringt für Brot und Fleisch.

Es muss ein anderer Stern gewesen sein, als Hirten zu dir kamen und dir Milch brachten. Mein älterer Bruder erzählt, dass wir auch Milch bekamen, als ich noch klein war – ich kann mich nicht erinnern. Die Herden gehörten damals den Hirten, sagt er, und was sie gaben, Milch und Wolle, gehörte auch uns – bis die Uniformierten kamen.

Es muss ein anderer Stern gewesen sein, der auf die Krippe leuchtet. Sie sagen, du lagst auf Stroh und das Atmen des Viehs sang dich leis in den Schlaf. Ich liege eng an meinen Bruder gedrückt auf kahlem Boden und hätte gern etwas Stroh und den warmen Leib einer Ziege bei uns.

Es muss ein anderer Stern gewesen sein, als Engel vom Frieden auf Erden sangen und Gott lobten. Wir wissen nicht mehr, was Frieden ist, und die Angst und der Hunger ersticken alles bei uns.

Manchmal erzählt mir mein Bruder, wie es war, als Könige auch uns Geschenke brachten und wir Milch bekamen. Der Vater zeigte uns das Haus, das schöner werden sollte als dein Stall, weil es uns gehören würde. Und mein Bruder sagt, wir haben damals vom Frieden gesungen, und nicht nur die Engel lobten Gott.

Leuchtete damals auch dein Stern über Chile?
Hans Werner Bartsch

Angstvoller Hirt mit Stern im Halbmond. Makonde-Krippe. Ausschnitt.
St. Augustin bei Bonn. Haus Völker und Kulturen.

S tern am Himmel – ein Stern auf der Brust« beginnt ein Gedicht von Inge Auerbacher. »Wir haben aufgehört, Zeichen zu deuten, Zeichen zu geben«, sagt Rose Ausländer. Warum? Weil es den gelben Stern gab, dieses furchtbare Signum eines furchtbaren Regimes. Unter allen dunklen Sternen ist dieser Stern mit der Aufschrift »Jude« der dunkelste. Er hat ein ganzes Jahrhundert in Finsternis versetzt. Und viele Jahrhunderte wird er es bleiben, Stern der Gottesfinsternis, Stern der »größten Tragödie der Menschheit« (Elie Wiesel).

Jochen Klepper erlebt in den Schrecken des Zweiten Weltkriegs Gottes Stern als »tiefverhüllt«. Der Krieg ist ihm Gericht Gottes. Weihnacht kann sich nicht erfüllen: »Mein Gott, dein hohes Fest des Lichtes hat stets die Leidenden gemeint, und wer die Schrecken des Gerichtes nicht als der Schuldigste beweint, dem blieb dein Stern noch tiefverhüllt und deine Weihnacht unerfüllt.«

Überall, wo Hunger und Armut regieren, verliert dieser Stern sein Licht. So wie in dem Text von Hans Werner Bartsch auf Seite 90. Elfriede Becker erzählt für Kinder eine indische Geschichte, in der am 24. Dezember in Kalkutta der Rauch unzähliger Kohleöfen der Ärmsten unter den Armen draußen auf kaltem Feld alle Sterne am Himmel verhüllt. Und Ingo Barz vermerkt bitter zur Geburt des Kindes: »Niemand kommt zu sehen. Nur ein Stern scheint matt auf die schiefen Hütten in der Wellblechstadt.«

»Gib deinen Stern uns zum Geleit«, bittet Rudolf Alexander Schröder: »Wir harren dein in dunkler Zeit.« Dieser Dichter hält fest: »Es geht uns nicht um bunten Traum von Kinderlust und Lichterbaum.« Nein, angesichts einer Welt, die im Streit liegt, die friedlos weit und breit, von allem Heil verlassen scheint, will er den Stern des Friedens: »Nur deinen Frieden, lieber Herr, begehren wir je mehr und mehr. Gib deinen Stern uns zum Geleit, je mehr die Welt voll Streit!« Und auch Jochen Klepper schreit es sich vom Herzen: »Mach uns doch für die Nacht bereiter, in der dein Stern am Himmel steht.«

Stern der Weihnacht. Glasmalerei von Fritz Hans Lauten (1935–1989)
in der Evangelischen Immanuelkirche Bonn-Bad Godesberg.

Du bist als Stern uns aufgegangen,
von Anfang an als Glanz genaht.
Und wir, von Dunkelheit umfangen,
erblicken plötzlich einen Pfad.
Jochen Klepper

DER STERN DER GOTTESHULD

Jochen Klepper, der zerbrechend an der Gefährdung seiner Familie durch den gelben Stern mit den Seinen den Freitod suchte, hat der Christenheit ein großes Lied der Hoffnung auf den Stern geschenkt:

> Die Nacht ist vorgedrungen,
> der Tag ist nicht mehr fern.
> So sei nun Lob gesungen
> dem hellen Morgenstern!
> Auch wer zur Nacht geweinet,
> der stimme froh mit ein.
> Der Morgenstern bescheinet
> auch deine Angst und Pein.
>
> Die Nacht ist schon im Schwinden,
> macht euch zum Stalle auf!
> Ihr sollt das Heil dort finden,
> das aller Zeiten Lauf
> von Anfang an verkündet,
> seit eure Schuld geschah.
> Nun hat sich euch verbündet,
> den Gott selbst ausersah.
>
> Noch manche Nacht wird fallen
> auf Menschenleid und -schuld.
> Doch wandert nun mit allen
> der Stern der Gotteshuld.
> Beglänzt von seinem Lichte,
> hält euch kein Dunkel mehr.
> Von Gottes Angesichte
> kam euch die Rettung her.

Jochen Klepper hat seine eigene Hoffnung nicht festhalten können. Doch bleibt sein Vermächtnis.

Foto eines Sterns in der Schwärze des Weltalls. Der Stern hat acht Strahlen, wie der Stern der Weihnacht. Zwei Kreuze sind übereinander gelegt.

TEXT- UND BILDVERZEICHNIS

Bilder
Titelbild/Seite **55:** © Fotos: The Bridgeman Art Library, London; **11, 27, 37, 44, 47, 48, 53, 65, 76, 84, 85, 91, 93:** © Fotos: Dietrich Steinwede; **14:** © Ernst Barlach Lizenzverwaltung, Ratzeburg; **16:** Computergrafik: Albrecht-Mathias Wendlandt. Aus: Bublath, Chaos im Universum. © 2001 Droemer Knaur, München; **18:** © Staatliche Museen zu Berlin - Kupferstichkabinett / bpk. Foto: Jörg P. Anders; **21, 87:** © Österreichische Nationalbibliothek, Wien; **31:** Aus: Sterne und Weltraum 1/2001. Spektrum der Wissenschaft, Verlagsgesellschaft, Heidelberg; **33:** © Sieger Köder; **39:** © Foto: Bayerische StaatsBibliothek, München; **56, 59, 89:** © Fotos: Scala, Antella (Firenze); **60:** © Foto: Rheinisches Bildarchiv, Köln; **73:** © Foto: Artothek, Weilheim; **77:** © Foto: Heinrich Schmorrde; **78:** © Foto: Rainer Gaertner.

Texte
Seite **14:** Marie Luise Kaschnitz. © Claassen Verlag, jetzt München; **15:** Hagelstange, Rudolf, Sterne gibt es mancherlei Art. © Erbengemeinschaft Rudolf Hagelstange; **26 f:** Hausmann, Martin, Die Entdeckung des Weihnachtssterns. Aus: ders., Martin. © 1951/1973 by C. Bertelsmann Verlag, München, in der Verlagsgruppe Random House GmbH; **32:** Zink, Jörg, Diese Reise der Sterndeuter (Zitat). © Autor; **32/69:** Zitate von Wilhelm Willms. © Verlag Butzon & Bercker, Kevelaer; **40:** Hausmann, Manfred, Die Weisen. Aus: Daniels Stern. Ein Weihnachtsspiel. © Neukirchener Verlag, Neukirchen-Vluyn 1983; **41:** Jourdan, Johannes, Wir sahen den Stern ... © Autor; **43:** Ausländer, Rose, Weise/Sternendeuter/sucht/... Aus: dies., Und preise die kühlende Liebe der Luft. Gedichte 1983-1987. © S. Fischer Verlag GmbH, Frankfurt am Main, 1983; **44, 77, 93, 94:** Klepper, Jochen, Trostlied am Abend, Auszug Vers 1; Weihnachtslied, Auszug Vers 1; Das Kirchenjahr, Auszug Vers 1; Weihnachtslied, Verse 1, 3, 4. Aus: ders., Ziel der Zeit - Die gesammelten Gedichte. © Luther-Verlag, Bielefeld 2001; **49:** Wolff, Kurt, Wie die Weisen ... © Fliedner-Kulturstiftung Kaiserswerth, Düsseldorf; **52/53:** Peters, Ulrich, Unter einem neuen Stern. Aus: Peters, Ulrich (Hg.), Herders großes Weihnachtsbuch. © Verlag Herder, Freiburg 2. Auflage 1994; **55:** Fichtl, Friedemann, Im nackten Kind ... Aus: Der Teufel sitzt im Chorgestühl. Ein Begleitbuch zum Entdecken und Verstehen alter Kirchen und ihrer Bildwelt. © 2002 Verlag am Eschbach 4. Auflage 2002; **62:** Hausmann, Manfred, Der Weihnachtsstern. Aus: ders., Nachtwache. Alte Musik. Füreinander. Gedichte aus den Jahren 1922-1946. © S. Fischer Verlag GmbH, Frankfurt am Main, 1983; **64:** Schröder, Rudolf Alexander. Aus: ders., Gesammelte Werke. Die Gedichte. © Suhrkamp Verlag Frankfurt 1952; **66 f.:** Santor, Ingeborg, Hirtenlegende. © Autorin; **70:** Wiemer, Rudolf Otto, Nun werde hell ... © Rudolf Otto Wiemer Erben; **84:** Zils, Diethard, Zitat ohne Quelle. © tvd-Verlag, Düsseldorf; **88:** Schneider, Reinhold. Aus: ders., Gesammelte Werke, Band 5. © Insel Verlag, Frankfurt; **90:** Bartsch, Hans Werner, Ein chilenisches Kind an Jesus ... © Ruth Bartsch.

Die Rechteinhaber einiger Texte konnten nicht ermittelt werden. Rechtmäßige Ansprüche werden auf Anfrage vom Verlag abgegolten.